VIKINGOLOGI · IFØLGE · HASSAN · SØRENSEN

VIKINGOLOGI IFØLGE HASSAN SØRENSEN

2023 TEKST, LAYOUT OG GRAFIK AF HASSE "HASSAN" SØRENSEN

FORSIDEFOTO AF VLASTIMIL ŠESTÁK

UDGIVET AF PROPAGANDAMINISTERIET
TRYKT AF INGRAMSPARK™

ISBN: 978-87-974024-6-7

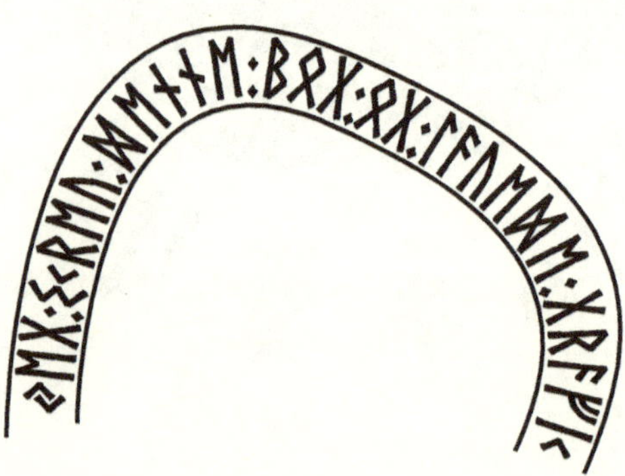

INDHOLD

ᛟᚷ ᛊᚨᛞᚨᚾ ᛒᛖᚷᛁᚾᛞᛖᚱ ᛞᛖᛏ

VIKINGOLOGI

Mens du læser denne bog anbefaler jeg at du lytter til albummet *"Vedergälningen"* af Garmana.

De fleste ord og navne du ikke genkender vil blive forklaret i *"Encyklopædi"* delen af denne bog.

Ä/ä = Æ/æ

Ö/ö = Ø/ø

Ð / ð = Blødt D, som i *"Astrid"*.

Þ/ þ = Th som i *"thank you"*.

Jeg skriver navne så tæt som muligt på den oldnordiske original. Find alternative stavemåder i *"Encyklopædi"* delen af bogen.

Når jeg nævner jernalderen, mener jeg mere præcis sen jernalder og tidlig middelalder, ca. 300-1300.

Jeg nævner det centrale Sverige nogle gange, som Rus Vikingernes hjemland. I virkeligheden er området omkring Mälaren stadig det sydlige Sverige, blot lidt længere nordpå end det danske Sydsverige, da Sverige nu går hele vejen op nord for polarcirkelen.

Det der mangler i denne bog er 2500 gange ordet *"formodentlig"*, 500 gange *"måske"* og 200 gange *"tror jeg"*.

I morgen vil en arkæologisk udgravning vise at alt i denne bog er helt forkert.

ALLE·SVARENE

ANGREB!

Det ene øjeblik er det stille. Solen skinner fra en blå himmel med kun få skyer, og hvis du lytter nøje, kan du høre en solsort kvidre sin smukke indviklede sang. Der er en mild brise, som gør varmen udholdelig.

Pludseligt høres et brøl, og over toppen af bakken løber en hird af vikinger med runde skjolde, løftede økser og frygtløse ansigter, som en ustoppelig bølge af død og afrevne lemmer.

Solen reflekterer i deres hjelme, dit bryst trækker sig sammen så dit hjerte næsten standser, og din hals bliver tør, mens støvet hvirvles op omkring dig.

Du kan næsten smage blodet i luften.

Over brølet høres den karakteristiske lyd af en iPhone, der ringer.

Angrebet mister lidt af sin fremfærd, og en stemme siger *"Knud, for helvede!"*

Du har været det uskyldige offer for et vikingerollespil.

Hvorfor er skandinaverne stadig så optagede af jernalderen?

Hvordan kan det være, at netop denne periode har formet den skandinaviske identitet?

Lad os finde ud af det!

MODERNE VIKINGER

Skandinavien befinder vi os midt i vikingetiden.

Du kan måske ikke se det, og ryster måske på hovedet og tænker *"Sludder og vrøvl – det var mange år siden"*.

Men når du ser det lidt udefra, den besynderlige skandinaviske opførsel, de skandinaviske navne, og gravhøje fra jernalderen alle vegne, så begynder du måske at tænke: *"Det er her stadig!"*.

Vi vanhelliger ikke altre, brænder klostre og tager munke som slaver mere. Vi har fundet mere raffinerede måder at udtrykke vores respektløshed.

En definerende del af vikingekulturen er en vis grad af ringeagt og nådesløs rationalitet. Offentlige kram og kys, amning og obduktion af giraffer er ikke normalt i de fleste andre lande. De anser os for at være barbariske.

Alligevel finder man de skandinaviske lande i toppen af listen når udvikling måles: Lykke, uddannelse, ligestilling, ateisme, sundhedsvæsen, arbejde-fritid-balance, social tryghed og vedvarende energi.
World Economic Forum og Forenede Nationers årsrapporter ligner fanbreve til Skandinavien.

Vi diskriminerer ikke *medfødte* egenskaber (som køn, hudfarve eller sexuel orientering), men aktive *valg* (politiske og religiøse overbevisninger) bliver altid udsat for debat og satire, i ord og kunstneriske udtryk.

Vikingernes måske mest definerende evne er tilpasningsevne; hvordan vi gik fra forn siðr (asatro) gennem kristendommen til ateisme, fra fuþark (runer) til det latinske alfabet og fra skurke til dyd, uden at miste vores specielle karakter på vejen.

Det hænder at nogle faktisk bliver oprørte over vores mangel på finfølelse. De skal være så hjerteligt velkomne til at brænde vores flag, biblen og grundloven, og et billede af dronningen.
Ingen kommer jo rigtigt til skade, så det er okay.

I virkeligheden er vi jo stadig vikinger.

Viking er ikke en etnisk gruppe, en religion eller en forening. Der er noget udefinerbart i kulturen og landskabet, og det påvirker os; selv dem, hvis forfædre indvandrede for kun få generationer siden, og de hvis kendskab til historien er chokerende fejlbehæftet og mangelfuld.

Min yngste datters børnehave hed Midgården, hendes klassekammerater havde navne som Erik, Harald og Astrid, og hun lærte hvad jeg har lært, og hvad hendes egne børn kommer til at lære: Tordenen er Þhórr (Thor) der bruger sin hammer, Mjölnir.
Hun navngiver næsten alting, som hendes iPhone, cykel, potteplanter og smykker.
Hendes farmor gik altid med Mjölnir i en halskæde, selv i kirken. Ikke for at provokere, men fordi det er helt normalt her.
Farmor er død nu, og vi tænder lys foran en runesten.
Ikke alle gør det, men det er ikke specielt opsigtsvækkende.

I december 2021 blev jeg inviteret til at lave en udstilling på Strøget i København med titlen *"Imagine Modern Vikings"*.
"Kultur-konservativ" var et varmt emne, og idéen var at udforske hvordan Danmark ville have set ud, hvis vi havde været mere kulturkonservative i jernalderen, da Danmark blev skabt.
Måske havde vi beholdt runerne og asatroen.
En masse research og lidt fotoretouchering. Jo mere research vi lavede, jo mere meningsløst blev det.

At være kulturkonservative er i realiteten det modsatte af at være viking. Vikingernes succes har altid været drevet af tilpasningsevnen.

Du behøver ikke at forestille dig moderne vikinger: Bare kig dig omkring. Det er lige her, lige nu.

Kun få skandinaver vil skrive *"Viking"* på deres visitkort eller Facebook profil, men vi kalder stadig kristmesse for *"Jul"*, og taler om Þhórr (Thor) når det tordner.

Man kan ikke undslippe.

Det kristne kors dominerer alle de skandinaviske flag, men man finder ikke mange troende. Man finder heller ikke mange lande med flere kvindelige og/eller homoseksuelle præster end her.

Naturligvis tror vi heller ikke på aser og trolde mere, men de er alligevel overalt hele tiden.

HVAD F... ER EN VIKING?

Den 9. august 2021 tog jeg det forkerte tog og endte i Vexjö (i Småland).

Mens jeg ventede på et tog, der kunne få mig tilbage på sporet, gik jeg en tur rundt om den nærliggende kirke.

På bagsiden af kirken så jeg en runesten, og lagde den op på Instagram, som man jo gør.

På denne runesten omtaler forfatteren sig selv som viking.

Det laver et hul i mange historikeres yndlingsudbrud: *"De kaldte ikke sig selv vikinger!"*

Hm. Nogle gjorde det åbenbart.

I den europæiske runestens database er det [SM10].

Ingen ved med sikkerhed hvor ordet kommer fra. Det kan være *Viken*, nær Oslo, det kan være *røvere* (som i den Anglo-Saksiske krønike der siger *"De kom som vikinger"*), det kan være *ekspedition* (*"Han døde i viking, på den vestlige rute"* [VG61]), eller det kan simpelthen betyde Skandinav.

Den almindelige moderne betydning er alle i Skandinavien, i vikingetiden. Dette bliver twisted lidt fordi jeg et andet sted i bogen argumenterer for at vikingetiden ikke er forbi.

Så alle i Island, Færøerne, Danmark, Sverige, Norge og det sydlige Finland.

Hvorfor ikke?

Viking konceptet er blevet afsporet gang på gang af racister, usikre mænd, videnskabsfolk, fitness fanatikere og Marvel Comics.

Det føles som om alle ville have vikinger til at bære deres banner – og passe ind i en lille boks.

I virkeligheden taler vi om en stor broget flok af almindelige mennesker, som gerne ville overleve og trives, under de omstændigheder der levede i. Bønder, håndværkere, handlende, krigere, slavehandlere osv.

I løbet af jernalderen blev nogle opdagelsesrejsende; på jagt efter handel, tyvegods, slaver og ny landbrugsjord.

Den kortvarige overlegenhed kom af tre specifikke egenskaber i den skandinaviske kultur.

Først og fremmest renlighed. Uden kendskab til vira og bakterier udviklede skandinaverne i jernalderen en forkærlighed for at vaske sig selv og sine børn, hvilket fik folk til at leve længere og bedre, og flere spædbørn til at overleve. Dette var en af drivkræfterne bag den såkaldt *Store Nordiske Ekspansion*.

For det andet gjorde deres skibsdesign deres både hurtigere, fleksible og egnede til lange rejser.

For det tredje: Rationalitet gjorde dem mere omstillingsparate i næsten alle situationer. Da kulturen var baseret på traditioner frem for institutioner, var der ingen konsekvenser, når de allierede sig med piktere, frisere eller slaviske folk, konverterede til kristendommen eller solgte hvide slaver til afrikanere.

Kristne bekæmpede hinanden med alle midler, men ville aldrig angribe et kloster, og derfor havde klosterene intet forsvar. For nogle vikinger var dette en niche, de kunne udnytte.

Så vi taler om rene, rationelle mennesker uden hæmninger.

Jernalderens vikinger var ikke *"stærke, høje, blonde og racerene"* som Hitler og hans senere sympatisører har hævdet. De havde endnu ikke opfundet begreber som nationalitet, etnicitet eller race, og i bronzealderen og jernalderen var der en ind- og udvandring på omkring 25% per generation.

Slavehandlere, migranter, opdagelsesrejsende…

Slaveri, alliancer og fjendskab fungerede uden skelen til hudfarve, tro, sprog osv.

Det var andre parametre som var afgørende.

Ifølge moderne DNA analyser er der højst sandsynligt dobbelt så mange blonde mennesker i Skandinavien nu, som i jernalderen.

De fleste havde den personlige agenda at holde sig selv og deres børn i live så længe som muligt. Det religiøst fanatiske ønske om at dø og komme i Valhalla kan ret nemt afskrives som noget vrøvl.

Naturligvis var det et patriarkalsk samfund, men den systematiske undertrykkelse af kvinder opstod først i middelalderen, hvor kvinder blev frataget mange roller i samfundet – og mere eller mindre holdt i kort snor.

Jernalderens og den tidlige middelalders Rus vikinger blev beskrevet som tatoverede med plantemønstre – *"Fra deres hals til deres fingerspidser"* – mens Danere ikke er blevet beskrevet som tatoverede, overhovedet.

I de senere år er tatoveringer med viking–inspirerede motiver, som Vegvisir, runer m.m., blevet meget populære.

Jernalderens vikinger var hyper voldelige, i en hyper voldelig tidsalder.

Ofte ville frygten få potentielle ofre til at betale for at slippe – den såkaldte *"Danegæld"*.

Ved Bayreuther Festspieles produktion af Wagners *"Der Ring de Nibelungen"*, i 1876, ville scenografen Carl Emil Doepler få

Brunhilde til at se mere frygtindgydende ud. Derfor tog han nogle drikkehorn fra scenen og limede på hendes hjelm.

Hvis du går ind i en souvenirbutik for at købe en vikingefigur har den horn i hjelmen. Det er enkel ikonografi; det er sådan vi genkender en viking. Men det var Carls idé – opfundet i Tyskland.

Rationalitet og integritet er stadig centrale værdier for vikinger, og alle har alt hjemme, til at klare enhver situation: Symaskine, boremaskine, en veludstyret værktøjskasse, tegne-artikler, hobbygrej, osv.
Selv en økse.

For andre folkeslag virker det sært, og nogle af mine venner fra fx Sydøstasien er forvirrede: *"Hvorfor har du alt det lort?"*

Vi angriber ikke kirker mere, så frygtløsheden er reduceret til at efterlade sin bærbare på et cafébord når vi går på toilettet, eller vores spædbørn i barnevognen ude på fortovet.

Primitivt og barbarisk vanvid i mange andres øjne.

HVORNÅR VAR VIKINGETIDEN?

Det er vigtigt at huske på at *"vikingetiden"* er en fabrikation.

Begrebet så første gang dagens lys på forsiden af bogen *"Danernes kultur i Vikingetiden"*, af Jens Jacob Asmussen Worsaae i 1873.

Ingen har nogensinde tænkt, at de levede i *"vikingetiden"*.

Så vi diskuterer begyndelsen og måske slutningen på en periode, der er et påfund; der er ingen rigtige eller forkerte svar, kun opfattelser.

Ifølge professor Lene Melheim på Kulturhistorisk Museum i Oslo begyndte det ca. 500 fvt. – og måske før – da klippemalerier fra bronzealderen viser vikingeskibe.

Ifølge den Anglo-Saksiske krønike startede det den 8. juni 793 med angrebet på Lindisfarne kloster.

Som den eneste skriftlige kilde får den Anglo-Saksiske krønike stor opmærksomhed, selvom den er irrelevant uden for England.

Arkæologer finder tidligere og tidligere eksempler på vikingeskibe, og spor efter tidligere og tidligere handel og togter, længere og længere væk.

Det er utroligt svært at fastslå en dato, eller et århundrede, og sige *"det var her det begyndte"*.

For at have en reference vælger jeg år 300, da Uppsala blev grundlagt.

Jeg kunne have valgt et hvilket som helst andet år, uden at have ret eller tage fejl.

Det var den nemme del.

Den svære del er at fastslå hvornår det sluttede – hvis det sluttede.

Valdemar blev født i Uppsala, velsignet af aserne, og 60 år senere fik Vladimir en kristen begravelse i Kiev. Det er måske den mest almindelige historie om en viking.

Han flytter rundt, vokser med opgaven og tilpasser sig til omstændighederne.

At være viking betyder at være åben, nysgerrig og rationel.

Det er næsten umuligt at fastsætte en dato for hvornår det slutter.

Måske sluttede det med kristningen af skandinaverne; en proces der tog 650 år, fra den første mission i Ribe til det sidste blótlag i Sverige. Det er ikke fuldendt endnu.

Det ville være en dårlig og vag definition.

Måske sluttede det da Haraldr *"Harðráði"* Sigurðarson blev dræbt i slaget ved Stamford Bridge i 1066, som der står i den Anglo-Saksiske krønike. Men på dette tidspunkt toppede Kievan Rus (også kendt som Garðaríki), og den varangiske garde rekrutterede hele skibsladninger af vikinger.

Måske sluttede det da de holdt op med at sejle… Vent lige lidt: Verden (absolut!) største shipping firma er Mærsk fra mikronationen Danmark.

Foruden plyndringer opfandt vikingerne *Altinget*, forudsætningen for moderne repræsentativt demokrati. Jeg kunne argumentere, at når det slutter, så slutter vikingetiden.

Det er virkeligt ikke let og i morgen vil du stadig kunne se denne sære vikingeattitude i Skandinavien.

Vi kan skændes om det i timevis, men i slutningen af dagen, på en lyssky bar i Reykjavik, vil jeg udfordre dig til at sige: *"Vikingetiden er slut!"*

Jeg vil sige at den *ikke* er, og de der kommer ud i live har vundet.

VIKINGERELIGION

Så langt tilbage vi kan spore har skandinaver – og alle andre i et par tusinde kilometers radius, inklusive germanere, keltere, piktere, saksere og samer – tilbedt et antal aser.

Aser må ikke forveksles med guder, da de er dødelige, selvom de lever i mange tusinde år, og har magiske kræfter.

Som de græske og romerske guder har de menneskelige særheder, og fortællinger om fejltagelser og tåbeligheder vi kan lære af.

Modsat middelhavslandenes guder har de ikke eneret på funktioner. I krig, kærlighed og høst står en lang række aser i kø for at blive tilbedt og tilbyde deres hjælp.

Freyja er dedikeret til kærlighed og sex, men i krig vil hun bestige sin krigs-orne Hildisvíni og ride i strid.

Når vi bevæger os fra stenalderen til bronzealderen og videre, vokser antallet af aser, og troen bliver mere avanceret.

Der er aser og vaner, lyselvere og sortelvere, jǫtunn (jætter), trolde og nisser.

De skiftende relationer og fælles børn viser, at de ikke skal opfattes som forskellige slags eller racer, men mere som nationer, der bebor forskellige sfærer eller dimensioner rundt om verdenstræet Yggdrasil.

Naturligvis har der været en enorm forskel på troen over tid, og på forskellige steder.

Det er bydende nødvendigt at huske på, at det ikke er en ensrettet institutionaliseret religion, men uformelle traditioner.

Troen havde ikke et navn, en bog, et hierarki af biskopper og præster, eller konsensus.

Da det endeligt fik et navn – eller benævnelse – var det *"Forn Siðr"* (gamle sæder), men kun som modsætning til *"Inn nyí siðr"* (de nye sæder – kristendommen).

I dag er det mest kendt som asetro.

De fleste ville anse Óðinn (Odin) som den centrale ase – *alfaderen* – men nogle ville placere den nye dreng i klassen – Þórr – i midten.

Der er ingen spor efter Þórr i bronzealderen, men i jernalderen bliver han utroligt vigtig, og hans krigshammer Mjölnir bliver et vigtigt symbol til identifikation, præcis som de kristne bruger korset.

Fra omkring år 600 begynder kristendommen at komme krybende, og et stigende antal mennesker lemper Jesus ind i deres panteon.

Ja, det er *Jesus* – *"Hvítakristr"* – ikke *Gud*, da en kropsløs og formløs gud ville være for svær at sælge til vikingerne.

I 700 er mange nabolande allerede mere eller mindre kristne, og den første kirke bliver bygget i Ribe.

I de kommende århundreder bliver det vigtigt at identificere sig som kristen, for at kunne rejse og handle uden for vikingedominerede områder.

Omkring år 1000 er de fleste vikingelande officielt kristne, selvom store blótfestivaler stadig bliver afholdt i det centrale Sverige indtil mindst 1350'erne.

At få vikingerne til at tage Jesus til sig var den lette del. At få dem til at frasige sig aserne skulle vise sig at være meget meget sværere.

Middelalderens kristendom var noget af en mundfuld, med mange regler, adskillige lange perioder med faste, og hård kvindeundertrykkelse.

Forn Siðr, som var en uformel tradition, prøvede ikke at afstøde kristendommen, mens de kristne missionærer havde det lidt stramt med polyteismen.

Mange kompromiser senere, i 1500 tallet, sprang de skandinaviske lande på den nyeste trend, blev protestantiske, og bød den katolske kirke og paven farvel.

Jeg tror at han trods alt var lettet.

I moderne tider har grundlæggende skolegang naturligvis givet religionen svære vilkår, og grusomhederne under 2. verdenskrig var det sidste søm i kisten.

Måske bedst forklaret med en graffiti fundet i Mauthausen koncentrationslejr: *"Hvis der er en gud, skal han tigge om min tilgivelse"*.

I alle de skandinaviske lande er det almindeligt at være medlem af folkekirken (65%), blive døbt (50%), gift (30%) og begravet (65%) i kirken, mens man i realiteten ikke er troende.

Tallene falder ganske hurtigt.

Dette er drevet af tradition, og næsten ingen går i kirke uden en specifik anledning.

I Danmark er konfirmation blevet en vigtig trend, og mange teenagere bliver døbt for at kunne blive konfirmeret, og konfirmationerne er blevet større (og dyrere!) end bryllupper. Dette har ingen sammenhæng med tro, og det har ikke spredt sig til de øvrige skandinaviske lande.

Navnlig i Sverige prøver folkekirken at holde trit med moderniteten ved at markedsføre *"Regnbuekirken"*, men ikke med den ønskede succes.

Forn Siðr er nu en officielt anerkendt religion, men kæmper med meget lave medlemstal, selvom de har forsøgt at modernisere på mange af de samme måder.

Bemærk at en del af denne bog er tilegnet Forn Siðr, kristen og muslimsk mytologi.

NETFLIX VIKINGS

Er der nogen sandhed i History Channel/Netflix serien "Vikings"?

[Spoiler alert]

Hvis jeg maler med den bredeste pensel, vil jeg sige *"Ja, absolut!"*.

Det er vigtigt at forstå at forfatterne – navnlig Michael Hirst – har haft det samme materiale at arbejde med som historikere og museer: Arkæologiske udgravninger uden manifester, fragmenter af højst tvivlsomme krøniker, bizarre fantasifulde sagaer og usammenhængende historier om primært legendariske mennesker.

De havde ikke den luksus at kunne sige *"der er åbent for fortolkning"*.

De var tvunget til at klippe fragmenterne endnu mere i stykker, og skabe en sammenhængende spændende historie, hvor de præsenterer et overskueligt antal personer.

De havde, til gengæld, den luksus at kunne sige *"det behøver ikke at være historisk korrekt"*, så de har flyttet mennesker, begivenheder og tid rundt for at skabe en ny historie.

At Hrólfr (Rollo) først blev født halvtreds år efter angrebet på Lindisfarne, at den samiske prinsesse Snøfrid Svåsedottir i virkeligheden var gift med Haraldr Hárfagri (Harald Hårfager), og at vikingen der hopper ud af en kiste fuld af våben skete hundrede år senere, i Italien, er blot nogle mindre tilpasninger for at kunne give dig en historie som er værd at se og følge med i.

Jeg ville ikke ønske at de ændrede noget, og jeg hylder dem for at gøre det samme som Snorri Sturluson, Saxo

Grammaticus, og alle de andre sagaforfattere har gjort: Tilpas og genfortæl, og giv mig en god historie.

Det er den skandinaviske måde.

Lagerþa og Ragnarr *"Loðbrók"* Sigurðsson er legendariske – og formodentlig fiktive – figurer fra sagaerne, og på den tid de plyndrede Lindisfarne havde vikinger rejst til England i århundreder. Alle vidste hvor det lå, og både solsten og vandkompas var kendt af alle.

På den tid var menneskeofringer blot et svagt minde fra en fjern fortid.

Men det er ikke spændende.

De har formået at vise skandinavisk jernalderkultur på en rimeligt relaterbar måde, og samtidigt tilfredsstille moderne trends (som tatoveringer), og de har brugt deres fantasi maksimalt for at skabe de skræmmende og lidt sære Forn Siðr præster.

Naturligvis kunne jeg bruge timer og mange sider på at rive historien fra hinanden, men jeg ville ende med en masse fragmenter, og ingen historie at fortælle.

Kunne jeg skrive en bedre historie, nærmere sandheden? Absolut ikke.

Jeg ville have for mange huller, og hundredvis af *"Sliding Doors"*-lignende situationer, hvor vi kunne opleve forskellige versioner af de samme hændelser.

Samtidigt ville jeg introducere et vanvittigt og uoverskueligt antal nye personer, og gøre dig super forvirret.

En dag ude i fremtiden vil en ny tv-serie dykke ned i kaninhullet med en af personerne, og fortælle en historie som modsiger denne serie – og alting er som det altid har været.

HVOR KOM VIKINGERNE FRA, OG HVOR TOG DE HEN?

Der var fire grupper som kan identificeres: Danerne, Sveaerne, Goutarerne og Goterne. For at forenkle det lidt vil jeg slå de tre sidste sammen, da de tilsammen også var kendt som Rus.

Så: Danere og Rus.

(Mit lig vil blive fundet i et vandløb på grund af denne forenkling. Det er fair nok.)

Foruden dem var der to andre grupper i Skandinavien, som normalt ikke omtales som Vikinger: Finner og Samer.

Danerne boede i den sydvestlige del af nutiden Norge, hele Danmark, en lille del af det nordlige Tyskland, og den sydligste del af Sverige.

Mellem Norge og Sverige er der en bjergkæde, og fra den sydligste del af Sverige til det centrale Sverige er der et uigennemtrængeligt skovområde af værdiløst landbrugsland; dagens Småland. Disse barrierer gjorde, at der var meget begrænset kontakt mellem Danerne og Rus (ifølge moderne DNA analyser).

Under den *"store nordiske ekspansion"* (ca. 800-1100) rejste Danerne mod vest, til Holland, Belgien, Frankrig, England, Skotland, Irland, Shetlandsøerne, Færøerne, Island, Grønland og Canada.

Rus rejste mod øst til Finland, Estland, Rusland, Hviderusland, Ukraine, Rumænien, Bulgarien, Tyrkiet, Iran og Irak.

Naturligvis fandtes ingen af disse lande dengang.

De havde udforsket, handlet og plyndret i nogle af disse egne siden 600-tallet, nogle steder siden bronzealderen, og nogle endda siden stenalderen, men nu begyndte de at bosætte sig og erobre land.

Var det *"udforskning"* eller *"udnyttelse"*?

Fra ca. 700 helt sikkert udnyttelse!

PLYNDRING

Før ekspansionen havde både Danere og Rus rejst mod øst og vest, respektivt, for at handle, plyndre, udforske og udnytte.

Mange af landene, navnlig mod vest, var allerede kristne, og selvom de havde magtkampe og bekæmpede hinanden med næb og kløer ville de aldrig vove at plyndre en kirke – *"Guds hus"* – som derfor var relativt ubeskyttede.

Vikingerne bemærkede dette og fandt en profitabel niche.

De havde dog ikke total monopol på denne niche, og selv kristne har somme tider plyndret en kirke.

Vikingerne var ekstremt voldelige, i en ekstremt voldelig tid, og mange af de slaver de tog var allerede slaver af andre ejere. Så det var slave-tyveri.

Det er ikke for at hvidvaske vikingerne, da de absolut var nogle røvhuller, men blot for at sige: Det var alle andre også.

DANERNE

For Danerne, som rejste mod vest, var det primært en søgen efter god landbrugsjord.

I England etablerede de sig i Jórik (York), og med konstant skiftende alliancer og både interne og eksterne konflikter tog de og mistede de lande, til det punkt hvor det er helt umuligt at holde rede på.

I 865 lykkedes det at samle *"Den Store Hedenske Hær"*. Resultatet var Danelagen, som betyder et område hvor Danernes lov gælder.

Det var en lille del af Skotland og det meste af England, undtagen Wessex, i syd, og en del af Wales.

I Irland lavede de nogle mindre bosættelser, før de grundlagde Dublin i 841, som en stor handelshavn, primært for slavehandel.

Seinen i nutidens Frankrig tiltrak mange vikinger, som plyndrede klostre og handelsbyer, indtil den Frankiske konge lavede en studehandel med en af dem.

Hrólfr (Rollo) fik et område ved flodens munding, hvor han kunne etablere Normandiet. På denne måde kunne han fungere som en barriere mod andre vikinger.

Andre rejste mod nord til Shetlandsøerne og Færøerne.

Ifølge sagaer opdagede Naddoðr en ny ubeboet ø i den nordlige atlant, fandt den uinteressant, navngav den Sneøen, og skyndte sig til Færøerne.

Da *"Hrafna"*-Flóki Vilgerðarson hørte om dette, samlede han en gruppe mennesker og sejlede ud for at kolonisere øen. Da det mislykkedes, omdøbte han den til Island og rejste derfra.

Det næste forsøg i 860 var succesfuldt.

Naddoðrs tip oldesøn , Þorvald Ásvaldsson, dræbte en mand i Norge. Derfor blev han landsforvist, og rejste med sin familie til Island.

På Island dræbte hans – nu voksne – søn, Eiríkur *"Rauði"* Þorvaldsson (Erik den røde), en mand. Derfor blev han landsforvist.

(Det begynder at ligne et mønster.)

Han rejste nordpå for at finde et sted at bo, og i 981 opdagede han Grønland.

Fem år senere vendte han tilbage med en større gruppe islændinge og grundlagde Brattalið, en by med en handelsstation.

Der havde været et lille antal hvalrusser på Island, men de var udryddet for længst. På Grønland fandtes en overflod af dem, som gav dem masser af elfenben, foruden sælskind med mere.

Det samme år, 986, forsøgte Bjarni Herjólfsson at sejle fra Island til Grønland, men blev blæst ud af kurs. Det han fandt lignede ikke Grønland. I stedet for at udforske vendte han båden og fandt Grønland.

Dér lyttede man til gengæld med store ører til hans berettelser om *"træer så høje som bjerge"*. Lige det de manglede i Grønland.

Der er ingen beskrivelser af udforskende ekspeditioner, men der må have været nogle.

I år 1000 ledte to af Eiríkurs børn, Leifur *"Heppni"* Eiríksson (Leif den lykkelige) and Freydís Eiríksdóttir en kolonisering af det nye land, Vinland (måske L'Anse aux Meadows i det nuværende Canada).

Indtil nu havde Islændingene kun koloniseret ubeboet land, men Vinland var ikke ubeboet.

Selvom deres køkkenaffald viser, at de har rejst en del om-
kring, så langt væk som nutidens New York, blev bosættelsen
opgivet efter kun 15 år.

Dette har været opfattet som slutningen på historien, men
der har formodentlig været senere ekspeditioner for at hente
tømmer.

Islandske dokumenter viser at i 1347 kom et skib til
Reykjavik fra Markland (et sted ved Labrador kysten i
Canada).

Mens alle disse rejser nordpå startede, i 900-tallet, var der
andre Danere der rejste langs den europæiske kyst, mod syd,
og ind i Middelhavet, for at handle og plyndre.

Da de kom til slutningen af Middelhavet, og landede i
Miklagarðr (Konstantinopel, vore dages Istanbul), mødte de
gamle venner hjemmefra – Rus vikingerne.

RUS

Rus kommer fra området omkring Mälaren i dagens Sverige.
Uppsala blev grundlagt allerede i 300 tallet, og deres vigtig-
ste handelsbyer – Birka og Sigtuna – blev grundlagt ca. 750,
tæt på vores dages Stockholm.

Fra Birka rejste de over Østersøen og fandt mundingen
af Dnieperfloden, som kunne føre dem hele vejen til
Miklagarðr.

En shoppingtur på 2.700 kilometer gennem fjendtligt terræn.

I Miklagarðr kunne de sælge rav, eksotisk skandinavisk pels,
hvide slaver og stål af høj kvalitet.

Til gengæld kunne de få sølv, guld, ædelstene, silke og andre eksotiske varer, da Miklagarðr ligger for enden af Silkevejen.

Rejsen langs Dnieperfloden var langt fra sikker, da Petjenegi og andre grupper af slaviske folk ville røve dem ved enhver chance.

I 862 etablerede Hrøríkr (Rurik) en fæstning i Holmgarðr (Novgorod) for at beskytte handelen.

I 879 flyttede hans bror (der regerede på vegne af Hrørikrs unge søn) hovedstaden til Kiev.

Ved at kontrollere områderne omkring Dnieper og Volga floderne skabte han Kievan Rus imperiet.

I 941 belejrede Rus vikingerne Miklagarðr med en vis succes, selvom de aldrig kom igennem muren.

I 944 gjorde de det igen, og denne gang fik de en ganske god handelsaftale, og den byzantinske kejser blev så imponeret over deres evner, at han skabte den Varangiske Garde; en eliteenhed i hæren, som bestod af Rus lejesoldater.

Varangiske var det byzantinske ord for vikinger.

Som et resultat af dette kom Rus nu til steder som Babylon og Baghdad.

Vikingerne slog ikke selv mønter, men da sølvmønter havde en objektiv værdi kunne de bruges som betalingsmiddel i hele verden. Derfor er et stort antal mønter fra både det byzantinske imperium og Abbaside kalifatet fundet i vikingegrave så langt væk som England. Grave i Birka og Uppsala flyder med arabiske dirhams.

For nylig har doktor Cat Jarman identificeret nogle halvædelsten fra en grav i England, som kun kan stamme fra Gujarat, i Indien.

I en grav i Uppsala har man fundet en Buddha statuette fra vore dages Afghanistan.

Hrørikr er anset som grundlæggeren af Rurik-dynastiet, som fortsatte med at regere Kievan Rus, og til sidst zarstyret i Rusland. Vasili IV, som regerede indtil 1610 var den sidste Rurik-regent i Rusland.

Naturligvis har Rus vikingerne givet navn til Rusland og Hviderusland, imens de slaviske folk – ufrivilligt – har lagt navn til slaveri.

HVORDAN FORSVANDT VIKINGERNE?

Åh, nej, nej, vi forsvandt ikke. Vi tilpassede os til den moderne verden.

Efter 15 år forlod vikingerne Vinland, og i det 13. århundrede forsvandt de fra Grønland, og i disse tilfælde har vi en masse ubesvarede spørgsmål.

I resten af verden var der nogle, der rejste tilbage til Skandinavien, og andre blev simpelthen blandet op med den lokale befolkning.

Det betyder at befolkningen i Rusland, Ukraine, Irland, England, Skotland og Normandiet (i Frankrig) har forfædre der er en blanding af vikinger og lokale (og slaver, tidligere og senere indvandrere, og … Okay, det er noget rod, men vikingerne blev blandet ind i det).

I Skandinavien, Shetlandsøerne, Færøerne og Island er vi efterkommere af jernalderens vikinger, blandet med indvandrere; jo nærmere Europa desto mere blandede. Indlysende.

Dette viser sig i sproget, kulturen og i en vis grad i DNA.

I Island er de mindst påvirkede, har bevaret patronymiske navne, lærer fuþark (runer) i skolen, og ville næsten(!) kunne tale med en jernalder Daner.

Man kan undre sig over vikingernes besynderlige lyst til at bo nogle virkeligt kolde og ugæstfrie steder, som Shetlandsøerne og Grønland.

På et tidspunkt så det ud som om de mistede interessen.

Kom de til forstanden?

Man skal huske på at klimaet varmede meget op i bronzealderen, og kølede meget ned i begyndelsen af middelalderen.

Kølingen falder sammen med, at vikingerne forsvandt fra Grønland.

Det kan være forklaringen, en del af den, eller helt tilfældigt.

Da Grønland begyndte at blive koldere, flyttede Inuitter sydpå, hvor de mødte vikingerne. Arkæologiske udgravninger afslører lidt handel og udveksling af viden, men intet tyder på hverken konflikter eller amourøse forbindelser.

Så vi har ingen grund til at tro at de blev blandet ind, eller blev udryddet. Naturligvis kan vi ikke udelukke en total massakre, der ikke efterlod vidner.

I 1700-tallet var der en fornyet interesse i Danmark (inkl. Norge) for *"Grønlændernes"* skæbne, og der spredtes et rygte at deres efterkommere stadig boede der.

Præsten Hans Egede fik kongen tilladelse til at rejse op og lede efter dem. Han fandt dem ikke, men etablerede en ny koloni i vore dages Nuuk, hvor han begyndte at konvertere Inuitter til kristendommen.

De danske interesser i Grønland var dog hverken at finde overlevende vikinger eller omvende Inuitter, men hvalfangst og sælskind.

Strengt taget er de fleste skandinaviske bosættere i Island, Færøerne og Grønland af Norsk afstamning, men da unionen mellem Danmark og Norge blev opløst i 1814 bestemte Kieltraktaten at alle kolonier tilfaldt det danske kongehus, med undtagelse af Svalbard.

Island blev selvstændigt under 2. verdenskrig, i 1944, men sender stadig universitetsstuderende til Danmark.

GLOBAL NEDKØLING

I år 536 medførte flere samtidige vulkanudbrud en global nedkøling der satte sig spor over hele verden. Det kaldes *"tre år uden sommer"* og dødstallene var katastrofale. Det bliver set som inspirationen til Fimbulvintr i den nordiske mytologi.

Efter disse fatale år tog den globale opvarmning til igen, og eksperterne mener, at klimaet i årene der fulgte var betydeligt varmere end i *"Den Lille Istid"* som begyndte omkring 1350.

Nye byer, forladte byer, flytning af hele samfund, osv. kan alt sammen forklares med dette fænomen. Store dele af historien i bronzealderen, jernalderen og middelalderen kan alle forklares med klimaændringer.

Det betyder at hver gang vi tænker på historien, er det et emne vi skal tage i betragtning: Hvordan var klimaet?

Dette inkluderer detaljer som mode og arkitektur, kost og rejseformer.

I 1300-tallet fik vikingerne i Brattalið uventet besøg: Inuitterne fra Central- og Nordgrønland flyttede sydpå, ind i vikingernes område, og vi kan se at der har været byttet varer og viden.

I midten af århundredet forsvandt vikingerne fra Grønland. Det kan muligvis forklares af pesten i Europa, som drænede dem for kunder, eller konkurrerende elfenben fra Afrika, eller nogle voldsomme begivenheder, men klimaforandringer er måske det bedste gæt.

Ifølge videnskaben har vi det modsatte problem nu, og er tvunget til at flytte storbyer længere ind i landet, til en højere beliggenhed, hvilket er mere omstændigt nu, hvor vi er blevet mere etablerede med betonhuse og underjordiske rør, elektriske installationer, veje, osv. Jernalderens vikinger var en smule mere fleksible i deres livsstil.

Rökstenen [ÖG 136] er en berømt runesten fra Östergötland i Sverige, skabt i den første halvdel af 800-tallet og den ældste kendte omtale af Fimbulvintr.

HVORDAN VED VI NOGET OM JERNALDERENS VIKINGER?

Jernalderens vikinger skrev hverken sagaer eller krøniker, så vi har kun samtidige beskrivelser udefra, tekster fra vikinger i middelalderen, og arkæologi.

Det er som et puslespil med 100.000 brikker, og vi har kun 20.000.

Nogle af brikkerne hører måske endda til et helt andet puslespil…

SAMTIDIGE FORFATTERE

For de fleste samtidige forfattere var vikingerne enten fjenden, eller i det mindste sygt skræmmende fremmede, langt uden for deres komfortzone.

Vi har den Anglo-Saksiske krønike fra England; Beretninger om begivenheder i det Anglo-Saksiske og Normanniske England, en samling af syv eksisterende og overlappende manuskripter som er den primære kilde til Englands tidlige historie. Den første samling blev skabt mens Alfred var konge (871-899).

Forfatterne havde god grund til at hade vikingerne, og selv deres egen konge, som ikke gav klostrene tilstrækkelig beskyttelse. Dette kan forklare hvorfor de fandt det nødvendigt at beskrive alle de ubehagelige detaljer ved angrebet på Lindisfarne, og måske tilføje nogle.

At læse de Anglo-Saksiske krøniker kan sammenlignes med at læse en engelsk avis nu om dage; en højst upålidelig kilde til objektive beskrivelser af faktiske hændelser.

Vi har den såkaldt Primære Krønike fra Ukraine, også kendt som Nestors Krønike eller Kiev Krøniken. Den er samlet i Kiev omkring 1113, baseret på materiale fra byzantinske krøniker, vest- og sydslavoniske litterære kilder, officielle dokumenter og mundtlige berettelser.

Jeg tror ikke at det er nødvendigt at beskrive hvorfor denne kilde er af tvivlsom kvalitet.

Gesta Hammaburgensis ecclesiae pontificum (middelalderlig latin for *"Biskoppen af Hamborgs gerninger"*) er en historisk bog skrevet mellem 1073 og 1076 af Adam af Bremen. Det er en af de vigtigste kilder til middelalderens historie i Nordeuropa, og den ældste tekst, der beskriver opdagelsen af Nordamerikas kyst.

Da biskoppen havde ansvar for missionen i Skandinavien, indeholder den beskrivelser af nordisk hedenskab i denne periode.

Adam af Bremen var gæst hos Svend Estridsens hof i Danmark, og fortæller endda om et besøg i det hedenske tempel i Uppsala, hvor han beskriver vikingerne som meget gæstfrie, men utroligt primitive. Der er dog grund til at betvivle, om han faktisk har besøgt Uppsala selv.

Det ville være rimeligt at fremhæve, at han ikke var en skide stor fan af Forn Siðr.

Annales Bertiniani, eller Sankt Bertins annaler, er en praktisk årlig rapport om plyndringer udført af forskellige grupper af vikinger i de frankiske områder, hvor de plyndrede karolingiske klostre og episkopale byer, 830-882. Det er nærmest et Excel ark.

Ahmad ibn Fadlan var udsending for Abbaside kalifatet til Volga Bulgarerne i det 10. århundrede. Hans rejsebeskrivelser er især kendt for detaljerede beskrivelser af Rus vikingerne han mødte på sine rejser, og portrætterede med en blanding af henrykkelse og rædsel. Navnlig hans beskrivelse af en begravelse er opsigtsvækkende.

Yacoub Al-Tartushi var en jødisk opdagelsesrejsende, handelsmand og diplomat for Al-Andalus (vore dages Spanien og Portugal). Hans rejsebeskrivelser *Kitab al-Istibsar* indeholder beskrivelser af forskellige byer og folkeslag, steder og levevis.

Mest kendt er den første beretning om vikingerne i Heiðabýr, ca. 966.

Han var *ikke* imponeret!

Han var især chokeret – og brugte mange negative superlativer om – deres sang, at både mænd og kvinder brugte *"kunstig øjenmakeup"*, og (oh rædsel!) at kvinder havde ret til at blive skilt.

Hans originale manuskripter er gået tabt, og kendes kun fra (redigerede?) dele der er citeret i andre værker.

Desværre er der ingen af disse berettelser der indeholder nøjagtige tegninger, så vi må nøjes med tekstbeskrivelser.

De forskellige værker giver modstridende beskrivelser af vikingerne, hvilket er forståeligt, eftersom vi taler om grupper der levede langt fra hinanden, og var udsat for vidt forskellige påvirkninger.

Det giver også mening, fordi forfatterne har meget forskellige baggrunde.

De Anglo-Saksiske krøniker hævder at Danerne lugtede frisk, badede ofte, og var (uretfærdigt) rene og forfængelige, så de ledte engelske kvinder på afveje. Selv overklassen.

Ahmad ibn Fadlan beskriver Rus som *"de mest beskidte af Allahs skabninger"*.

Fadlan beskriver også hvordan en slavinde bliver dræbt for at følge sin herre i graven. De Anglo-Saksiske krøniker nævner aldrig noget lignende (selvom de ville have elsket at beskrive sådan en frastødende adfærd!).

Anglo-Saksiske krønike nævner ikke tatoveringer med ét ord, mens Fadlan beskriver vikingerne som tatoverede med plantemotiver *"fra fingerspidserne til halsen"*.

MIDDELALDERENS FORFATTERE

Da Island var et land af indvandrere, var de særligt interesserede i at holde historien i live. Af den grund har et antal islandske forfattere skabt det, der i dag er kendt som De Islandske Sagaer.

Dette inkluderer værk som *Egils saga Skalla-Grímssonar* (Egils Saga), *Eiríks saga rauða* (Sagaen om Erik den røde), *Grænlendinga saga* (Grønlændernes saga), og 42 andre sagaer, skrevet mellem 1200 og 1400, længe efter vikingerne var blevet kristne, og i de fleste tilfælde 2-400 år efter de beskrevne hændelser havde fundet sted.

Sagaerne er roman-lignende fiktion baseret på historiske personer og hændelser. De fokuserer på handlinger, begivenheder og temaer som mord, ære, familie, erotik, ægteskab, og forholdet mellem individet og samfundet.

Indtil de blev statisk bevaret på papir blev sagaerne genfortalt på en mere dynamisk måde af såkaldte skjalde, som huskede og reciterede sagaerne i poetisk form.

At lytte til en skjald var som at gå til en live koncert i vore dage; du forventer at genkende det meste af melodien og store dele af teksten, men du forventer også at bandet improviserer og giver dig noget ekstra og uventet.

Sagaerne skulle ikke blot bevare historierne, men først og fremmest underholde. At tilføje en uovervindelig helt og en drage gør historien mere spændende, selvom den gør historien lidt mindre realistisk. Det var af sekundær betydning.

Selv i vore dage er det almindeligt at forfattere baserer en opdigtet historie på virkelige begivenheder. For historikere om tusinde år bliver det super forvirrende at finde en Dan Brown roman.

Spørgsmålet er: Vil du have sandheden eller vil du have en god historie?

De to mest kendte værker er måske Den Poetiske Edda og Den Prosaiske Edda – også kendt som Snorris Edda.

Den Poetiske Edda er, som navnet antyder, en poetisk beskrivelse af religiøse myter og fabler.

Poesien er blevet genfortalt mundtligt i generationer, og endeligt nedfældet i det vestlige Norge og på Island mellem 800 og 1000.

Den Prosaiske Edda er skrevet af Snorri Sturluson, i Island, i 1220, og forklarer den nordiske religion såvel som dele af Den Poetiske Edda, i klart sprog.

Værket er skabt for at bevare og præsentere viden og myter, mere end for den kunstneriske oplevelse.

Snorri var tydeligt meget forsigtig med ikke at provokere sine læsere, da han levede i et kristent samfund, og måske endda selv var en troende kristen.

Han har påtaget sig opgaven at forklare Den Poetiske
Edda, og andre historier, på en måde så publikum kan følge
historien.

Han har endda tilføjet nogle egne teorier, som at aserne kom
til Skandinavien fra Troja, så det kan være svært for os at
vide hvad almindelige mennesker faktisk troede på i jernal-
deren, og hvilke historier de delte.

Han har også forsøgt at skabe en sammenhængende historie
af alle de fragmenter han havde til at begynde med, som
kom fra en overflod af forskellige kilder og traditioner, så han
var nødt til at foretage nogle redaktionelle valg for at komme
i mål.

I én historie er Óðinn gift med Frigg, i en anden med Freyja,
i en tredje er Freyja og Freyr to manifestationer af samme
person, og i en fjerde er de gift med henholdsvis Odand og
Gerd, mens de i en femte er gift med hinanden – Snorri var
nødt til at rydde op i det kaos, og gøre historien forståelig én
gang for alle.

Uanset hvor afsporet Snorri blev i sit forsøg på at bevare,
genfortælle og fortolke, og samtidigt bevare roen mellem
præsterne, alt sammen på samme tid, er det det bedste
nøglehul vi har at kigge igennem, for at se jernalderens
fortællingstraditioner.

Vi skal bare læse det med et ordentligt gran salt.

Samtidigt er det et blik ind i det tidlige 1200-tal hvor græsk
mytologi havde folks opmærksomhed, og alle fantaserede om
hvad der var sket med trojanerne.

Saxos Danmarkskrønike (*"Gesta Danorum"*) er også fra
1200-tallet, skrevet af Saxo Grammaticus, i Danmark, bestilt
af Biskop Absalon af Lund og kong Valdemar den første.

Det skulle være storslået nationalistisk propaganda.

Derfra har vi historien om Lagerþa. Vi har også prins Amleth, som 400 år senere blev til Shakespeares Hamlet.

Saxo evnede at beskrive en direkte blodlinje fra Ragnarr *"Loðbrók"* Sigurðsson til Knútr *"Ínn ríki"* Sveinsson, hvilket gør den nuværende kongefamilie beslægtet med vores ven Ragnarr.

Et af problemerne med den orale tradition er sammensatte karakterer; flere personer bliver til én i den 1250. genfortælling af historien.

Et godt eksempel er Ragnarr *"Loðbrók"* Sigurðsson. Han bliver berømt efter at have dræbt en uovervindelig drage (kæmpeslange), og han dør i et hul fyldt med giftslanger.

Der er talrige historier om ham, og alt de har til fælles er hans navn, starten og slutningen.

Så han er en myte, en legende, og formodentligt en sammensat karakter.

Vi er ret sikre på at Sigurðr *"Ormr í auga"* Áslaugsson, Halfdan *"Hvítserkr"*, Björn *"Járnsíða"*, og Ívarr *"hinn Beinlausi"* alle var virkelige personer, der hævdede at være sønner af denne legende, men ikke nødvendigvis beslægtet med hinanden på nogen måde.

ARKÆOLOGI

Der er ingen mangel på fund fra jernalderen, og med moderne teknik er det intet problem at datere ting ret præcist, og endda tage en lille bitte prøve af skelettet for at kunne sige nøjagtigt hvor personen er født, vokset op, og hvor og hvordan personen levede som voksen.

Vi kan analysere små stykker træ med dendrokronologi for at se hvor, hvornår, hvordan og hvorfor.

Med LIDAR og jordgennemtrængende radar kan vi finde grave, bopladser, krigsskuepladser m.m. forholdsvist enkelt.

Loven fastslår, at før et nybyggeri kan begynde, skal arkæologerne have tid til at grave ud på byggepladsen.

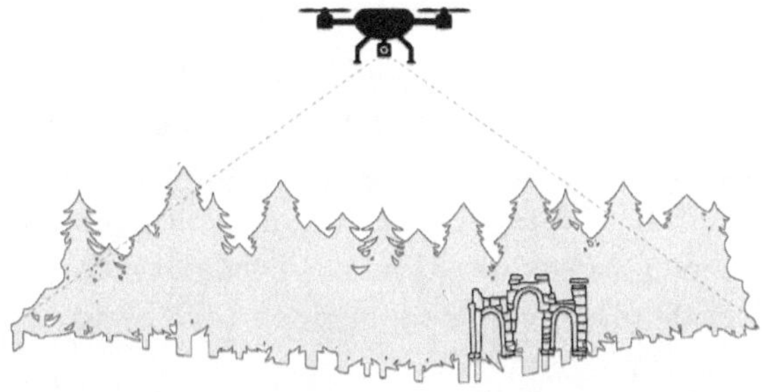

LIDAR

Jordgennemtrængende radar

Oven i dette har man opsat en database så amatører med metaldetektorer kan logge deres fund.

Moderne arkæologer er intet mindre end forkælede!

Grave fra den før-kristne tid er specielt interessante, da Forn Siðr vikinger ofte blev begravet med gravgaver til efterlivet.

Tøj, smykker, redskaber, kamme og ørerensere, våben, møn-
ter, mad og endda dyr.

I nogle få tilfælde er der ting fra fjernøsten.

Problemet er at disse genstande ikke kommer med en manu-
al (det tog arkæologerne flere år at finde frem til funktionen
af øre-skeer), og nogle genstande er måske gaver, som ikke
nødvendigvis har tilhørt den afdøde.

Skelettet fra en berømt krigergrav i Birka, der indeholdt mas-
ser af våben, blev for nyligt DNA-testet, og viste sig at være
en kvinde. Kvinder kunne være krigere, men skelettet havde
ingen tegn på vold. Kan våbnene have tilhørt hendes mand?
Var de blot symboler for stor betydning? Vi ved det ikke.
(Mens jeg skriver dette er manglende tegn på vold faktisk ved
at blive testet igen.)

En anden betydningsfuld kvinde blev fundet i Osebergskibet,
i Norge. At dømme fra gravgaverne er hun nok en af de
mest betydningsfulde kvinder i Skandinaviens historie. Hun
passer ikke til nogle sagaer, krøniker eller runesten. Vi har
simpelthen ingen anelse om hvem hun var.

I både Birka og Uppsala indeholder mange af gravene arabi-
ske mønter.

Mange Rus vikinger tjente i den Væringjarske garde i
Konstantinopel, og fik fat i arabiske mønter i denne sam-
menhæng, men det betyder ikke at personen i graven selv har
været i Baghdad. Der var ingen grund til at veksle penge, da
mønter var lavet af sølv, og havde en objektiv værdi. Dirham
kan have skiftet ejer talrige gange fra Baghdad til Birka.

At fortolke disse fund ender altid i en konflikt mellem hvad
som er mest *fantastisk* og hvad som er mest *sandsynligt*.

Ofte bliver fortolkningerne påvirket af moderne modeluner.

Da begrebet *"Vikingetid"* blev opfundet, i 1870'erne, var national stolthed enormt vigtig, og arkæologerne ledte desperat efter ting der var karakteristisk *danske*.

Lige nu er ligestilling et modelune, og alle fantaserer om at finde den ubestridelige skjoldmø-grav.

Denne konstante konflikt mellem modeluner og fakta gør ikke fortolkningerne lettere.

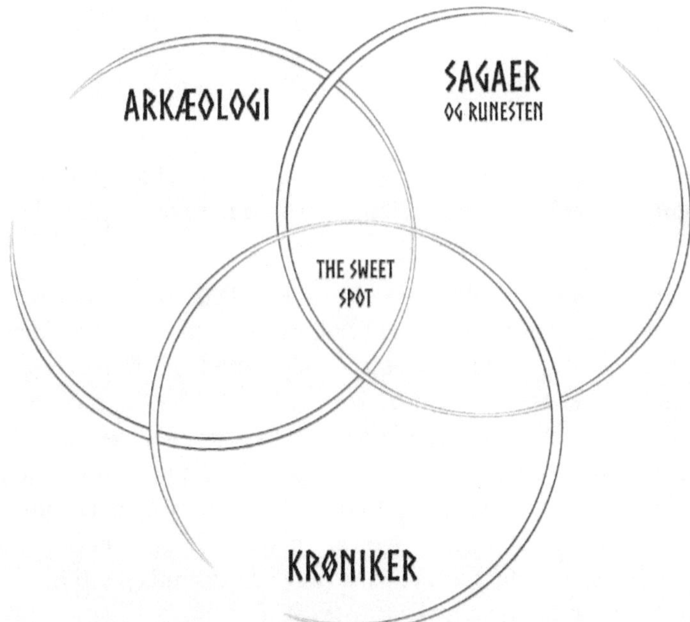

Det nærmeste vi kommer en bekræftet historie er når flere input bekræfter hinanden, som historierne om Island, Grønland og Vinland, præcis midt i "Sweet Spot". Oseberg skibet kun i den arkæologiske cirkel, eller Haraldr Hárfagri kun i Saga cirklen, er enormt frustrerende.

BIOARKÆOLOGI

Du tænker måske på DNA som den mest oplagte måde at spore et skellets livshistorie på.

DNA kan til en vis grad afsløre din familiehistorie og oprindelsessted.

Hvert barn har to forældre, og i løbet af 40 generationer – tusind år – er det 2^{40} = en billion. Da en billion mennesker ikke levede på jorden for 1000 år siden, er det en billion *positioner*. Disse positioner er udfyldt med mange af den samme familie igen og igen; et stort antal gran x 10 kusiner og onkler.

Grundlæggende ligner dit stamtræ ikke et træ, mere en diamant, spidst i både top og bund og med flere overlappende linjer, på kryds og tværs.

Du har dog ikke DNA'et fra alle dine forfædre i din rygsæk. Tænk på din mors og fars DNA som to sæt kort med 54 kort i hvert sæt. Da du blev lavet, blev stakkene lagt sammen og blandet til et nyt spil med 54 kort; måske 28 fra din mor og 26 fra din far. De resterende 54 kort kasseres. Det samme gælder for dine forældre og dine børn. Sådan kan du have en forfader med en arvelig sygdom, og ingen spor af den i din krop. Den forklarer også, hvordan nedarvede egenskaber kan forstærkes, hvis din familie praktiserer seriøs indavl – 6 hjerte konger i samme dæk...

Nu er det muligt at adskille mandlige og kvindelige kromosomer i DNA, så forskere, der troede, at befolkningen i Island for det meste var renracede efterkommere fra Norge, i princippet indavlet i flere generationer, fandt ud af, at det viste sig at være fyre fra Norge, der lavede en lille afstikker til Irland og hentede nogle piger, inden de slog sig ned på Island.

Men DNA kan ikke fortælle os, om de irske tøser var *kulturelt* danere, og lavede hjerter omkring navnet Haraldr i deres dagbøger, eller så irske at de blev kidnappet og ført til Island sparkende og skrigende.

Du kan ikke teste, om du har vikinge-DNA, kun om dit DNA matcher den nuværende befolkning i Skandinavien. Men vikinge-DNA vil indeholde spor af angelsaksere, samer, frisere, slaviske stammer og måske en eksotisk babe fra Miklagarðr, da vikinger har delt og hentet DNA i en radius af omkring 3000 kilometer.

White supremacist fuckheads – undskyld: *"Nordicists"* – i USA troede, at de kunne bruge DNA til at bevise vikinge-afstamning, og de forventede en masse Gustaf Vasa i deres årer. Da resultaterne kom tilbage, besluttede de, at DNA-videnskab er en ond jødisk konspiration.

Men der er mere til bioarkæologi end DNA.

Du er hvad du spiser, og alt hvad du spiser og drikker bliver logget i din krop. Kalcium i gårsdagens morgenmads bacon bliver morgendagens celler i dit skelet.

Især isotopvariationer af strontium og oxygen vil inkorporere ret specifikke geografiske signaturer i din krop.

"Jeg var i Spanien i et par uger; det er blevet en del af min krop". Ja, det er det bogstaveligt talt!

Hvis vi laver et tværsnit af en prøve af dit skelet, vil skiver afsløre, hvor du har boet hele dit liv: Birka 15 år, Holmgarðr 2 år, Kiev 6 måneder, Miklagarðr 5 år, Kiev 3 år, Ribe 3 år, Jórik 2 år…

Tænder vil bekræfte, hvor du er vokset op, og den hurtigst voksende del af din krop – dit hår – vil tilføje en meget specifik rejselog fra det sidste år eller deromkring: Jórik 3 måneder, London 1 måned, Jórik 2 måneder, Repton 1 uge .

Skelet, tænder og hår vil i mange tilfælde holde i tusinder af år, hvis de begraves i god jord.

Jeg bliver *så* blodørnet på grund af denne forenkling... Fair nok.

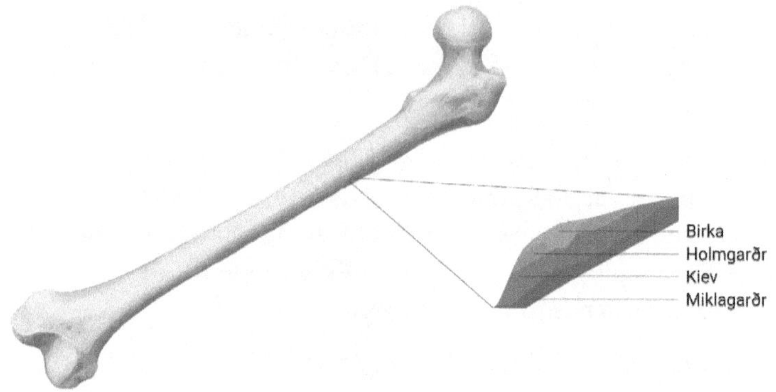

HVAD VED VI IKKE?

Listen over ubesvarede spørgsmål er praktisk taget endeløs, men nogle af de spørgsmål vi rigtigt gerne vil have svar på inkluderer:

Hvordan udførte de religiøse ritualer, som bøn, ofringer, bryllupper, knæsætning (indvielsen af et nyfødt barn), begravelser m.m.?
Der har utvivlsomt været enorme forskelle fra sted til sted, og over tid, så det er tusindvis af svar vi leder efter.

Hvordan var den præcise relation mellem mænd og kvinder, børn og voksne, slaver og ejere, høvdingen og hans folk? Civile rettigheder? Retfærdige retssager? Økonomiske mellemværender? Polygami? Homoseksualitet? Hvordan var alle disse forhold?

Igen: Der må have været enorme forskelle.

Var de lige så reserverede det ene øjeblik, og ubegrænsede det næste, som vore dages skandinaver? Lige så blasfemiske? Lige så joviale? Hvor langt tilbage kan vi spore disse personlighedstræk?

Hvordan var den daglige omgang mellem vikingerne og befolkningen i de lande, hvor de bosatte sig (England, Frankrig, Rusland, osv.)?

Hvorfor forlod de Vinland?

Hvornår, og hvorfor forlod de Grønland?

Hvordan var det første møde mellem vikinger og inuitter? Og mellem vikinger og de canadiske indfødte?

Hvordan var arbejdsopgaverne fordelt mellem kønnene? Det ville være morsomt – og meget moderne – hvis vi har gættet helt forkert.

Hvor mange kvinder deltog på plyndringstogter?

Var opdagelse, lange rejser, handel og plyndringer lige så almindeligt i bronzealderen som i jernalderen (som et stigende antal arkæologer hævder)?

Sprog; hvor let eller svært var det for Anglo-Saksere, Danere og Rus at kommunikere?

Skrev vikingerne på forgængelige materialer som nu er forstøvet? Det må have været besværligt at drive en virksomhed uden bogføring. (Bogføring på lertavler er faktisk grunden til at vi ved meget mere om væsentligt ældre civilisationer).

Hvor langt østpå rejste de?
Genstande fra Indien kan have skiftet ejer talrige gange på

vejen til Skandinavien, men de kunne have ligget i den samme lomme hele vejen (højst usandsynligt, men…)

Hvad bliver det næste arkæologiske fund, der blæser os bagover?

Ofte tror vi at en bestemt vikinge ekspedition *"opdagede"* noget nyt, som Shetlandsøerne, indgangen til Dnieperfloden, eller indgangen til Middelhavet, blot for at erkende at de allerede kendte til dem, og at de absolut ikke rejste *"ind i det ukendte"*.

At lande ved Lindisfarne klosteret var ikke rent held, og Leifur Eiríksson *"opdagede"* ikke Vinland. De fulgte en detaljeret plan.

Så vores vigtigste historiske og arkæologiske opdagelser er næsten aldrig om *"hvad skete der så?"*, men om *"hvad skete der inden?"*

Det er meget moderne: Vi skriver prequels.

HVAD ER SÅ FANTASTISK VED VIKINGESKIBE?

For at sejle på havet uden at kæntre skal man have en dyb køl, som forhindrer at man sejler ind i smult vand.

Så traditionelt skulle man finde en havn med dybt vand, eller ankre op et stykke fra land, og flytte mandskab og gods til mindre både, for at komme i land.

Hvis man skulle sejle ind i kanaler eller floder, måtte man skifte til fladbundede både.

Det var stadig besværet værd, da en båd kan transportere store mængder gods hurtigere og lettere end heste- eller kvægvogne.

Vikingerne designede en båd som faktisk var fladbundet, bortset fra en lang lav køl, og de perfekte forholds-proportioner så de ikke kæntrede på havsejladser, men som kunne sejles helt op på en strand, ind i floder og kanaler, og så lette at de kunne bæres over land. Det sidste var særligt interessant på Dnieper floden, hvor mange små vandfald forhindrede at man sejlede, og på steder hvor man ville krydse en sø som ikke var forbundet med floden.

Naturligvis gav det dem også mulighed for at angribe en landsby eller et kloster, der lå tæt på vand, men utilgængeligt for almindelige havgående skibe.

Ydermere var de klinkbygget med overlappende planker, som gjorde skroget mere fleksibelt, så skibet nærmest skar sig gennem bølgerne, og ikke knækkede når det blev udsat for chok, som store bølger, storm, klipper eller en strand.

De kunne krydse havet fra Danmark til England, sejle ind ad en flod, grundsætte båden på en lille bred, plyndre et kloster, og være tilbage i havet på vej hjem til Danmark så hurtigt, at de lokale troede det var magi.

Jeg hørte for nylig en historiker sammenligne det med en drive-by-shooting…

I dag, tusinde år senere, bliver de største containerskibe bygget med de samme proportioner, og en køl som faktisk bare er et langt rør i hele skibets længde.

Det er værd at nævne at selvom Danmark nu er en mikro-nation, tilhører mange af de største containerskibe det danske Mærsk.

Naturligvis gjorde de store sejl rejsen lettere og hurtigere, og fik vikingerne til at rejse længere, end de gjorde før sejlet blev taget i brug.

At væve sejlene var ekstremt tidskrævende, og et sejl kostede næsten lige så meget som selve skibet, hvilket hjalp på ligestillingen, da sejlene formodentlig blev vævet primært af kvinder.

Designet af sejlet var ikke lige så godt som de trekantede sejl folk anvendte i Middelhavet og det røde hav, da de ikke kunne vinkles lige så effektivt, og man kom længere ud af kurs, i begge retninger, når man krydsede op mod vinden.

En anden design feature som kunne havde været bedre var roret, placeret bagerst i højre side – derfor kendt som styrbord. Det gav begrænsede manøvremuligheder, og roerne kom i arbejde for at foretage en skarp vending.

De store skibe, bygget til lange rejser, kunne medtage besætning, varer, forsyninger, husdyr og slaver.

For at spare plads ombord kunne knager sættes på rælingen, som holdt skjoldene udenbords. Det er en let genkendelig designdetalje, så ikonisk at vikingeskibe altid bliver afbilledet sådan, selvom det måske kun var et fåtal af skibene der havde den detalje. Det ved vi ikke.

En anden let genkendelig detalje er halen bagerst og dragehovedet forrest, som har givet skibene navnet *"Drageskibe"*. Husk på at drager i vikingernes mytologi er store slanger, ikke vingede og ildspyende, og bare én af flere oversættelser af det oldnordiske ord *"ormr"*.
(Se Viking Encyklopædi et andet sted i denne bog.)

De bedst bevarede skibe fra jernalderen er Osebergskibet, fundet i en gravhøj i Oseberg, nær Tønsberg i Norge, og Gokstadskibet fra Sandefjord i Vestfold. Begge er udstillet på Vikingeskibsmuseet i Oslo.

I Roskilde Fjord fandt man de fem Skuldelevskibe, som var blevet sænket med vilje, formodentlig for at forhindre et angreb. De blev fundet i 1962 og er nu udstillet på Roskilde Vikingeskibsmuseum.

Museet har en kontinuerlig produktion af kopier, nogle af dem er bygget med jernalder værktøj, og det er muligt at komme ud at sejle med dem.

Der er også andre der bygger vikingeskibe. I 2012 søsattes Draken Harald Hårfagre, og i 2014 gik hun ud på sin første havsejlads fra Haugesund, i Norge, til Liverpool, i England og tilbage igen.

I april 2016 foretog hun en rejse fra Haugesund til Lerwick, Torshavn, Reykjavik, Qaqortoq, Quebec, Montreal, Toronto, Chicago og New York.

Bjørn Heyerdahl, barnebarn til Thor Heyerdahl, har bygget et vikingeskib med det formål at sejle Oslo til Miklagarðr på *The Midgard Expedition; "The search for intelligent life on earth"*.

Vi har ingen idé om hvornår man fandt på dette design, da hver eneste arkæologiske udgravning fører os længere tilbage i tiden.

2700 år gamle helleristninger i Sverige viser, at de havde gang i *noget* allerede i bronzealderen.

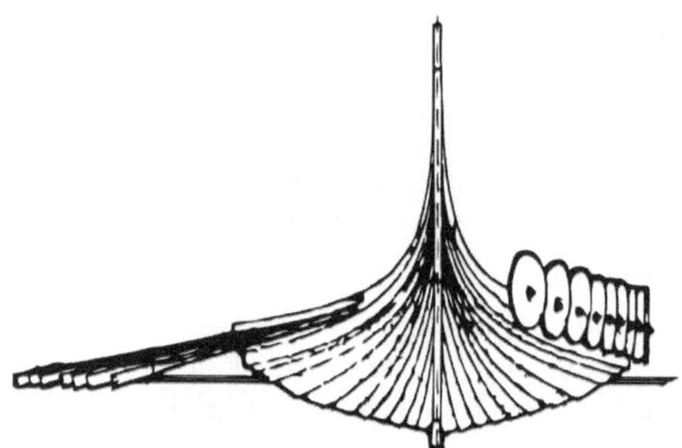

HVORDAN LEVEDE JERNALDERENS VIKINGER?

De fleste levede i ganske små huse, med et ildsted i midten, et højt vinklet tag, og åbninger i toppen af gavlen, så røgen kunne komme ud, hvor de fleste andre kulturer byggede huse med et hul i taget præcis over bålstedet.

Husene var uden vinduer, da klimaet i Skandinavien ikke tillader vinduesåbninger uden tykke glasruder, som ikke var tilgængelige før omkring år 800.

I den ene ende af huset var der bygget korte senge på alle tre sider, oftest foret med lammeskind. Her sov familien, imens husdyr og eventuelle trælle ville sove i den anden ende af huset, om vinteren.

Over ilden et jernstativ, så gryder kunne hænge over ilden.

Husets størrelse og udsmykning afhang naturligvis af familiens velstand.

Rige familier ville have et lidt større hus, udsmykket (og delvist isoleret) med vævede gobeliner på væggene.

Nogle steder var væggene på ydersiden forsigtigt brændt, for at beskytte mod råd og svamp.

Hvis husene var malede, var det oftest kun gavlen og døren.

Nogle huse ville have gavl kanterne forlængede, og udskåret som drager i enden.

Byens epicenter var langhuset, som i nogle tilfælde også var bolig for byens leder; hvilket ville forhindre enhver form for privatliv.

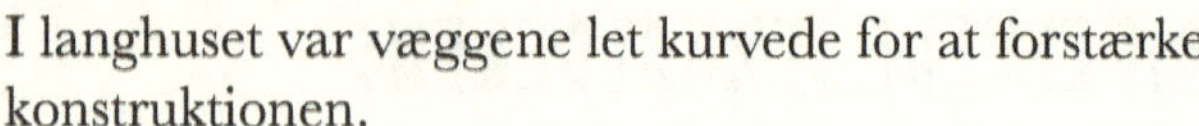

I langhuset var væggene let kurvede for at forstærke konstruktionen.

Inddeling i rum var meget usædvanligt.

Den dyreste del af huset var fire – eller flere – søjler, der holdt hele tagkonstruktionen. Disse ville ofte være dekorerede med udskæringer, og når man rev et hus ned for at flytte eller blot bygge et nyt, ville man tage disse søjler med.

Det fortælles, at da Eiríkur *"Rauði"* Þorvaldsson blev landsforvist fra Island, bad han en nabo tage sig af hans søjler. Denne solgte søjlerne, i håbet om aldrig at se Eiríkur igen. Da Eiríkur kom hjem og opdagede det, slog han naboen ihjel.

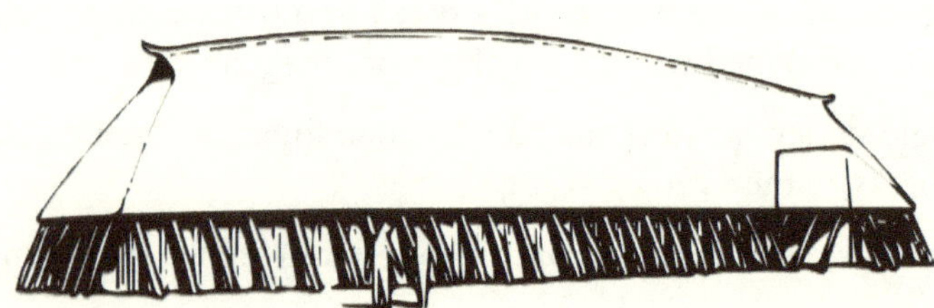

HVAD SPISTE VIKINGERNE I JERNALDEREN?

Rodfrugter, roer, kål, korn, kylling, flæsk, lam og – sjældent – oksekød.

De fleste måltider var grød, eventuelt med kød ved siden af, men i visse tilfælde også brød.

Brød var særligt praktisk at medbringe på rejser.

Selvom kød ikke blev serveret til alle måltider spiste vikingerne generelt mere kød end de fleste andre folkegrupper, hvilket forklarer at de i gennemsnit var et par centimeter højere end de fleste andre, generelt havde lidt bedre helbred, og var modstandsdygtige over for flere sygdomme.

Naturligvis blev vikingerne meget påvirkede af deres nye naboer i England, Frankrig og Kievan Rus, og kosten bliver mere varieret når vi nærmer os det 9. århundrede.

Tilberedningen blev primært gjort for at gøre fødevarerne mere holdbare, da de fleste afgrøder bliver høstet i efteråret, og er relativt friske gennem vinteren. Når foråret nærmer sig, bliver det problematisk, og i de første måneder af sommeren sætter sulten ind. For at forebygge dette ville de salte, sylte, ryge, og på andre måder tilberede maden så den blev mere holdbar.

Kort sagt: Vi laver ikke syltetøj fordi det smager godt, men fordi det gør at vi kan spise bær i februar.

Mens kosten var blandt de sundeste i Europa på den tid, vil jeg ikke anbefale at du kopierer jernalder vikingernes kost, med mindre du arbejder 12 timer i marken uden mekaniske hjælpemidler. De har formodentlig haft behov for 8-10 gange så mange kulhydrater som du har, og 5-6 gange så meget fedt. Dette sagt med det forbehold, at jeg ikke er diætist.

HVAD DRAK JERNALDERENS VIKINGER?

Vand, mælk, øl, vin og mjød.

Det er populært i film at vise vikinger, der drikker mjød af store horn.

Mjød var en luksus, lavet af korn, bær og honning, og noget tykt og sødt sprøjt.

Jeg ville elske at se dig bunde et stort horn fyldt med denne likør, uden at kaste op.

Der var højst sandsynligt øl i hornene.

Øllet var spontangæret, formodentligt lidt bittert med diskrete citrusnoter, og ganske fortyndet med vand, da folk drak det i store mængder.

Ribe Bryghus har faktisk brygget en jubilæumsøl i 2010 baseret på analyser fra arkæologiske udgravninger, med bla. malurt.

Vin blev importeret fra Central- og Sydeuropa.

HVILKET SPROG TALTE VIKINGERNE I JERNALDEREN?

Vikingerne i jernalderen talte oldnordisk, naturligvis med mange forskellige dialekter.

Siden da er oldnordisk udviklet til dansk, svensk, norsk og islandsk, hvor det sidste er mindst påvirket af andre sprog, og derfor tættest på oldnordisk. Det betyder ikke at en islænding uden besvær ville kunne føre en samtale med en viking fra år 790.

De tre andre sprog er stærkt påvirket af tysk, fransk og – ironisk nok – nu moderne engelsk.

Men oldnordisk har også påvirket andre sprog, navnlig engelsk. Tusindvis af ord på engelsk, som egg, knife, wife, window, sky, son, daughter, church, osv. kommer fra oldnordisk.

HVORDAN SKREV JERNALDERENS VIKINGER?

Ældre fuþark (ca. år 0 - 800 evt.)

Yngre fuþark (ca. år 700 - 1400 evt.)

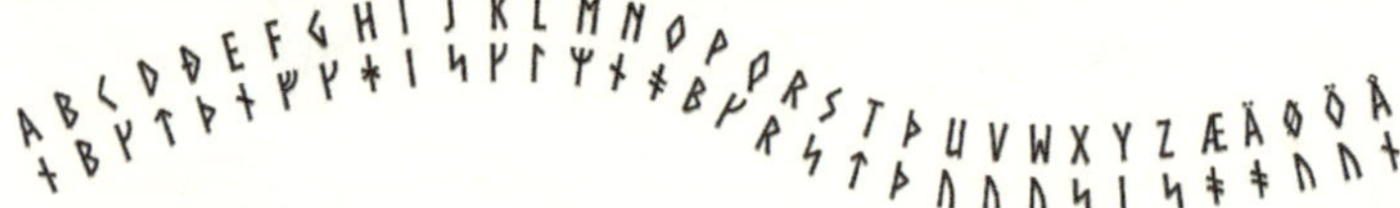

Anglosaksisk fuþark (ca. år 400 - 1300 evt.)

Ikke alle bogstaver fandtes i fuþark (runealfabetet), så visse bogstaver deler en rune.

”:” bruges som mellemrum, til:at:adskille:ord.

For at oversætte skal du skrive fonetisk: Michael = Mikal.

På www.vikingr.site kan du finde en online runeoversætter.

Danske og norske alfabet (ca. 900 – vore dage)

ABCDEFGHIJKLMNOPQRSTUVWXYZÆØÅ
abcdefghijklmnopqrstuvwxyzæøå

Svenske alfabet (ca. 900 – vore dage)

ABCDEFGHIJKLMNOPQRSTUVWXYZÅÄÖ
abcdefghijklmnopqrstuvwxyzåäö

Islandske alfabet (ca. 900 – vore dage)

AÁBDÐEÉFGHIÍJKLMNOÓPRSTUÚVXYÝÞÆÖ
aábdðeéfghiíjklmnoóprstuúvxyýþæö

Bemærk at der er store overlap i tid, hvor både forskellige runer og latinske bogstaver har været i brug, og der er sket glidende udvikling gennem tiden.

[U36]

HVAD ER RUNESTEN OG RUNESTAVE?

[DR42]

En runesten er en typisk to meter høj sten med en flad side, graveret med runer og udsmykning.

Du kan tænke at runesten er en gave til historikere, men…

Der var ingen skoler, ingen eksaminer, ingen ordbøger, og folk stavede som de havde lyst, med tilføjelse af lokale variationer.

Ofte ville de skrive med selvopfundne forkortelser, som kan sammenlignes med vore dages mobilbeskeder: ”C U L8” (”See you later” = ”Vi ses senere”).

Dette gør runestenene svære at læse, og historikere skændes ofte om betydningen.

Nogle tror, at visse runer var allokerede til bestemte aser, som T runen skulle være tilegnet krigsasen Týr. Dette er imidlertid ikke en fast regel, men nærmere et resultat af disse hjemmelavede forkortelser. I vore dage betyder *"ROFL" "rolling on the floor laughing"*, men det betyder ikke at *"L"* altid betyder *"laughing"*.

På samme måde betyder T-runen ikke altid Týr, i enhver sammenhæng. Det gør det nok når det er graveret på et våben, men ikke på dørkarmen til en gård.

Runestenene er ujævnt fordelt i Skandinavien, med 250 i Danmark, 50 i Norge og nul i Island. I Sverige er der mere end 2.500.

Uden for Skandinavien skiller Isle of Man sig ud med 30 runesten opsat mellem det 9. og det 11. århundrede.

Spredte runesten er fundet i England, Irland, Skotland og på Færøerne.

Sommetider er teksten ren selvpromovering: *"Eskil Skulkasson rejste denne sten for sig selv. Dette minde vil stå om Eskil for evigt."* [DR212].

Teksten er oftest et minde om en falden kriger, men også en lovprisning af stenens skabere: *"Hvatarr og Heilgerr rejste denne sten til ære for Helgi, deres far. Han rejste mod vest med vikingerne."* [G370].

De mest detaljerede og kendte runesten står i Jelling, hvor den største fortæller: *"Haraldr konungr bað gorva kumbl þausi aft Gorm faður sinn auk aft Þórvi móður sina. Sá Haraldr es sér vann Danmark all auk Norveg auk dani gærði kristna."* [DR42]

Eller på nudansk: *"Harald bad om at denne sten blev rejst til ære for sin fader Gorm og sin moder Thyra (Þórvi). Harald vandt hele Danmark og Norge, og gjorde danerne kristne."*

Det som er bemærkelsesværdigt ved denne sten er, at selvom den proklamerer hele Danmark som kristent, og derfor kaldes *"Danmarks dåbsattest"*, hvilket gør den til den mest berømte runesten i verden, så er der noget i propagandaen der ikke rimer: Manden som er portrætteret på stenen har sine arme strakt ud, som Jesus, men ligner til forveksling en lang tradition af afbildninger af Óðinn, viklet ind i et træ, med et spidst skæg. Er det en sammensmeltning af de to? Spillede Haraldr på begge heste?

En ting er sikker: Alle danskere som læser dette, vil åbne deres pas, kigge på første side og tænke *"Hvad f…?"*.

Moden har ændret sig siden da, og hvis jeg havde lavet en gravsten til min bror hvor jeg fremhævede mig selv, er jeg sikker på at mange ville finde at det var dårlig smag (så det gjorde jeg ikke).

Alle runesten kan findes på www.runesdb.eu med referencer som [DR41].

På Riksantikvarieämbetet i Stockholm har Laila Kitzler Åhfeldt fundet en metode til at identificere runeristere ved at scanne stenen, og i bund og grund benytte det samme software som man bruger til at identificere fingeraftryk. Hver runerister har sin egen rytme og stil, som er lagret i hans muskelminde, og runerne afslører dette. Derfor ved vi fx at Ravnunge Tue ristede runerne i begge Jellingsten, Læborg Stenen [SJy37] og et par stykker til.

Runestave er små stykker træ, ben eller horn med kort poesi, og somme tider beskeder som skulle sendes. En vikinge-sms. Indtil nu har der været sparsomt med fund, men for nylig fandt man en større mængde i det sydlige Norge.

U283

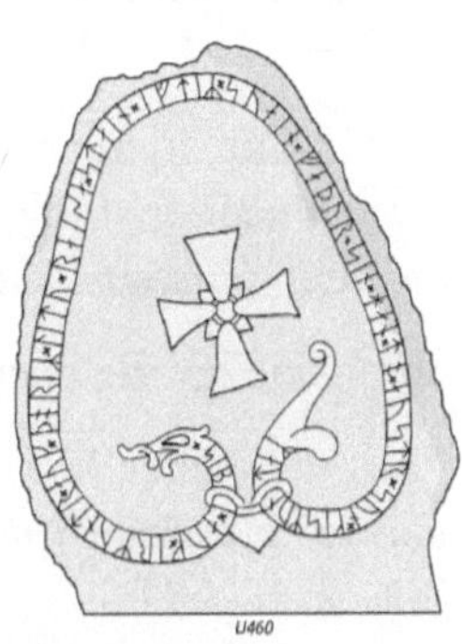

U460

DR42

HVORDAN VAR JERNALDERENS NAVNE?

Fornavne var ofte aser, dyr, steder eller begivenheder.

Drenge kunne have navne som Björn, Ulf (Ulv), Haraldr (Krigsherre), Þórr (Thor) eller endda Viking.

Piger kunne have navne som Helga (Hellig) eller Astrið (Smuk Asynja).

Vikingenavne bliver stadig givet til ca. halvdelen af alle børn i Skandinavien.

Efternavne var patronymer, det vil sige faderens navn + *"søn"* eller *"datter"*.

I sjældne tilfælde matronymer; moderens navn + *"son"* eller *"datter"*, som den danske konge Svend Estridsen – søn af dronning Estrid.

Denne form sluttede for ca. 150 år siden i Skandinavien (18. juli 1828 i Danmark), men gælder stadig i Island, hvor Hallgrims datter får efternavnet *"Hallgrimsdottir"*.

Mange fik et kaldenavn, imens de levede eller bagefter.

Kaldenavne som *"Sejr"*, *"Den store"* eller *"Den modige"* er ligetil, men der er nogle spøjse eksempler i sagaerne, som *"Benløs"*, *"Atterdag"* eller *"Den rådvilde"*.

Det var nødvendigt, da mange havde samme navn som Valdemar eller Harald.

Vikingenavne der stadig er populære i Skandinavien inkluderer:

PIGENAVNE	DRENGENAVNE
Astrid	Arne
Bodil	Bjørn
Freja	Bo
Frida	Erik
Gro	Frode
Gudrun	Gorm
Gunhild	Gunnar
Helga	Harald
Hilda	Ivar
Inga	Knud
Ingrid	Leif
Liv	Magnus
Ragnhild	Ragnar
Randi	Rune
Saga	Sten
Sif	Sune
Sigrid	Svend
Solveig	Thor
Thyra	Toke
Tove	Troels
Åse	Ulf

NAVNGAV VIKINGER VIRKELIGT ALTING?

Ikke alt, men ting af betydning som sværd, økser og skibe fik navne.

I dag ville det være din mobil, vaskemaskine eller bil.

Det gør tingene lettere at relatere til, og giver ejeren en vis stolthed og taknemmelighed.

Mindre fejl er lettere at acceptere…

Min mobil hedder Halgrim, min cykel hedder Sleipner, og jeg har en palme der hedder Oluf, og det giver mine ting lidt mere personlighed.

At navngive ting – navnlig skibe – er ikke en vikinge opfindelse, da de gamle grækere, fønikere og romere også navngav deres skibe ved ceremonier, der skulle få guderne til at beskytte skibene.

HVORDAN SÅ JERNALDERENS VIKINGER UD?

Mænd ville oftest bære en tunika og bukser.

Kvinder ville oftest bære en enkel lang kjole med et forklæde over. Forklædet var ikke for at beskytte kjolen, tværtimod var den ofte smukt dekoreret.

Disse basisklæder var oftest lavet af uld og hamp.

Om vinteren en kappe af uld eller skind.

Rus vikingerne adopterede en forkærlighed for stærke farver østpå, mens Danerne ikke fik samme inspiration i vest.

Tusindvis af vikingegrave er blevet udgravet, og vi har fundet en overflod af ben, hår og smykker, men ingen hud er bevaret, så vi kan ikke vide noget om makeup eller tatoveringer.

Nøjagtige tegninger var ikke moderne i jernalderen og middelalderen, så vi er afhængige af beskrivelser.

Ifølge arabiske beskrivelser var Rus vikingerne (eller nogle af dem) stærkt tatoverede, med organiske mønstre.

Om denne mode var medbragt fra Skandinavien, eller adopteret fra slaviske stammer ved vi ikke.

Danerne er blevet beskrevet detaljeret af engelske og frankiske munke, og tatoveringer er ikke nævnt med ét ord.

Vi ved dog at vikinger både i øst og vest gik meget op i at flette hår og skæg. Det kunne ikke blive avanceret nok (i hvert fald til deres begravelse). Flettet hår og skæg var også et middel til at begrænse mængden af lus.

Selvom Óðinn generelt er set som den vigtigste ase var der mange der havde Mjölnír (Þórrs hammer) i en halskæde, da Þórr er menneskernes primære beskytter. Mellem 950 og

1300 bar flere og flere et kristent kors, eller en sammensmelt-
ning af disse to.

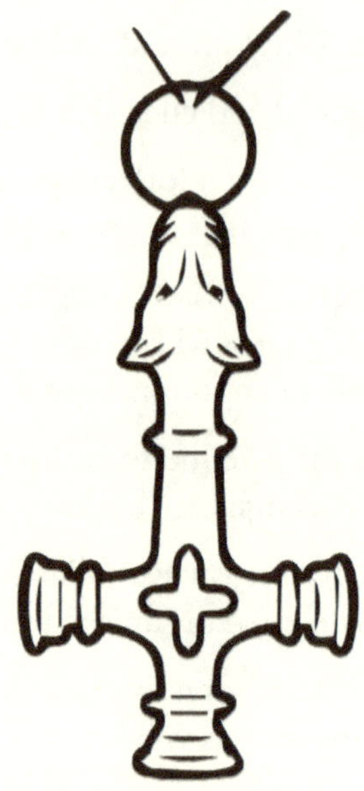

*Ulvekorset er fundet i Island, og tyder på at være en sammensmeltning af korset,
Mjölnír og en ulv. Da der er mange ulve i sagaerne, er det umuligt at fastslå
hvilken, og hvorfor den er afbildet.*
*(Nej! Absolut nej! Et omvendt kors er ikke "satanistisk". Den ide fandtes ikke
før ca. 1980. Et omvendt kors er enten bare et kors, der rent tilfældigt vender på
hovedet, eller Sankt Peters kors, da han blev korsfæstet på hovedet, som en speciel
ondskabsfuldhed, ifølge den kristne mytologi.)*

VAR ALLE JERNALDER VIKINGER BLONDE?

Jeg er lidt ude på en glidebane her, da videnskaben er meget vag, og det er et følsomt emne, af en eller anden grund, så du får et enkelt svar, med alle mulige reservationer.

I begyndelsen af jernalderen var de fleste vikinger mørkhårede, ligesom resten af verdens befolkning. Ved selektivt at tage slaver i de slaviske områder – der blev til Kievan Rus – tog de mennesker med hjem der havde generne for blond hår, og fik børn med nogle af dem.

Det blonde blev eftertragtet, og ved seksuel udvælgelse blev flere og flere blonde, som jernalderen skred frem.

Trenden fortsætter, og videnskaben mener, at der i dag er flere blonde skandinaver end nogensinde før.

(Hertil kan du lægge alle de der er brintoverilte blonde.)

De blonde slaver var også populære i det byzantinske imperium, og nu er der en disproportional stor procentdel af blonde mennesker, navnlig i det vestlige Tyrkiet.

Med fare for at vade ind i en tornebusk vil jeg sige at genet for blond hår stammer fra det nordlige Asien (Sibirien), og kom til Skandinavien fra området omkring Ukraine.

Vanen med at voldtage eller gifte sig med slaver er en vikinge-ting…

Lys hud handler ikke om etnicitet, men udvikles i områder hvor befolkningen har behov for lettere at kunne optage D-vitamin. Mange (nord-) asiater har lige så lys hud som skandinaver.

VAR JERNALDERENS VIKINGER RENE ELLER BESKIDTE?

Ja! (Det var da et klart svar, ikk'?)

Set med moderne øjne kunne de nok drage nytte af et boblebad og en tandbørste, men sammenlignet med datiden englændere var de ekstremt renlige.

Som nævnt havde de en forkærlighed for renlighed, uden at kende til de mikroskopiske årsager, og engelske brev- og krønikeforfattere beklagede sig faktisk over at de var *"uretfærdigt rene"*.

John af Wellingfort skrev: *"Danerne gjorde sig selv attraktive for engelske kvinder med deres elegante vaner og deres personlige hygiejne. De kæmmede deres hår hver dag, badede hver søndag og skiftede ofte tøj. De adskilte sig med disse frivole vaner. På denne måde lagde de beslag på opmærksomheden fra gifte kvinder og deres døtre, selv nobiliteter, som de gjorde til deres konkubiner."*

Vikingerne havde ikke blot neglerensere og øreskeer, men viste dem frem, ofte af ben eller ædle metaller, hængende i bæltet, så alle kunne se dem.

Håret og skægget var flettet for at holde snavs og utøj ude.

Fordelene ved denne renlighed var mere end blot forfængelighed og mere sex, men folk levede længere og bedre, havde flere overlevende børn, og bedre chancer for at overleve sår.

Det er værd at huske på, at mange af de krigere der ikke døde på slagmarken, døde få dage senere af deres skader, på grund af infektioner. At rense sår gjorde en stor forskel.

Så, ja, vikingerne i jernalderen var meget rene og sunde.

Men sammenlignet med muslimerne i Al-Andalus og Abbaside-kalifatet var de møgbeskidte.

Islam dikterer at man skal vaske sig før bønnen – flere gange om dagen – og før og efter måltider og sex.

Vikingerne levede ikke rigtigt op til den standard, og Ahmad ibn Fadlan, som mødte Rus vikingerne ved det kaspiske hav i 921, skrev:

"De er de mest ulækre af Allahs skabninger. De vasker sig ikke efter toiletbesøg, eller vasker sig når de er urene efter sex eller efter maden."

Han fortsætter med at beskrive, hvordan en slavinde bringer et vandfad til en gruppe mænd, som alle vasker deres ansigt, spytter og pudser næse i det samme vand.

Han er frastødt, for at sige det mildt.

Det er oplagt at understrege at både saksiske og arabiske forfattere har deres grunde til at overdrive for at passe det ind i deres narrativ, men det er nok rimeligt at tænke at deres renlighed passede ind et sted midt imellem engelsk og muslimsk standard.

Det er også værd at nævne at kristne præster spredte det budskab, at bade ville føre til lungebetændelse, og mange europæere tog ikke et eneste bad i hele deres liv. I den sammenhæng er det let at fremstå som meget frisk og ren.

Vikingernes almindelige helbred synes at have lidt en smule ved konverteringen til kristendommen, men der kan være andre grunde til at livslængden blev forkortet en anelse i begyndelsen af middelalderen.

HVILKE VÅBEN BRUGTE VIKINGERNE?

Sværd er fundet i velhavende menneskers grave, men det var et våben for folk højt på strå. De fleste ville bruge værktøj som de allerede brugte på gården: Øksen.

Før de rodede sig ud i noget ville de fleste skifte skaftet fra de normale ca. 50 cm til et længere skaft på en meters penge.

De rige ville naturligvis have to økser; en til at hugge brænde og en angrebsøkse.

Spyd og knive blev også brugt flittigt, og for at få ram på folk på afstand ville de bruge en flitsbue.

Det der adskilte vikingerne fra andre krigere var, at de brugte skjoldet aktivt, ikke kun defensivt, men også offensivt.

Både samtidige frankiske og byzantinske kilder nævner dette, så det var en teknik kendt af både Danere og Rus.

Skjoldmuren var ikke en vikinge opfindelse, og ikke unik for vikinger, da den var kendt i romerriget og formentlig tidligere.

Da vikingerne stødte på nye våben ville de hurtigt adoptere dem, inklusive *"græsk ild"* som er en tyktflydende og klæbende brændbar væske på slagmarken, eller kastet på fjenderne, og antændt. I al sin enkelthed er det tusinde år gammel napalm.

Mærkeligt nok er der to våben som vikingerne aldrig har taget til sig: Armbrøsten og den engelske langbue.

Vikingerne var eksperter i høj kvalitet stål, og tjente faktisk formuer på våbeneksport.

HVAD EKSPORTEREDE VIKINGERNE?

Som nævnt eksporterede de stålvåben i jernalderen, men også en lang række andre produkter der var unikt skandinaviske, som visse typer pels, rav, hvalolie, elfenben fra narhvaler og hvalros, og store mængder slaver fra Skandinavien, Irland, England, Skotland og de slaviske områder i Østeuropa.

For at spille smart i det byzantinske rige var du nødt til at handle med Rus for at få fingre i blonde slaver, ravsmykker og en hvid pels.

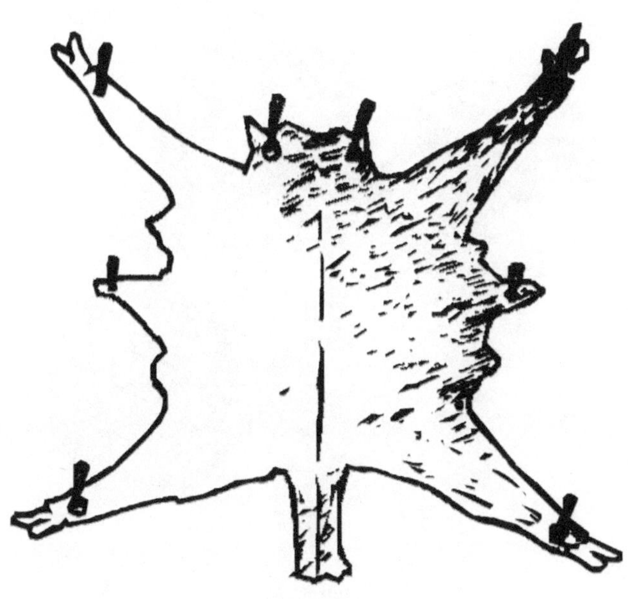

HVAD IMPORTEREDE VIKINGERNE?

Mønter, silke og andre fine tekstiler, ædelmetal, vin, kemikalier til at farve og behandle tekstil og skind, godt værktøj, og eksotiske ting som drikkeglas, smykker og avanceret keramik.

For at spille smart i jernalderens Skandinavien skulle du have en blå skjorte og en stor guldhalskæde med ædelsten, og et glas rødvin i hånden.

HVAD STJAL JERNALDERENS VIKINGER?

Sølv, guld, ædelstene, alle typer smykker, værdifulde kir-
kegenstande, fint tøj, penge, og mest af alt mennesker – tog
folk som slaver, eller stjal folk der allerede var slaver.

VAR DER NOGENSINDE ET STORT VIKINGE RIGE?

I en kort periode var der faktisk et stort imperium i Vesteuropa. En lille del af Tyskland, størstedelen af England, en bid af Polen, hele Danmark, to tredjedele af Norge, og den sydligste del af Sverige, under kong Knútr *"Ínn ríki"* Sveinsson (Knud den store).

Samtidig var der andre vikinger, der styrede Irland, Island og Grønland, uafhængigt.

Før dette var de vikinge kontrollerede områder i Vesteuropa et utal af mindre kongeriger, med konstant skiftende alliancer og stridigheder.

I Østeuropa var situationen langt mere stabil, hvor Rus vikingerne styrede fra det centrale Sverige, gennem de baltiske lande, det vestlige Rusland, Hviderusland, Ukraine, dele af Ungarn og Bulgarien, og en lille bid af Tyrkiet nord for Bosporusstrædet – hele vejen fra Birka til Miklagarðr – i flere hundrede år.

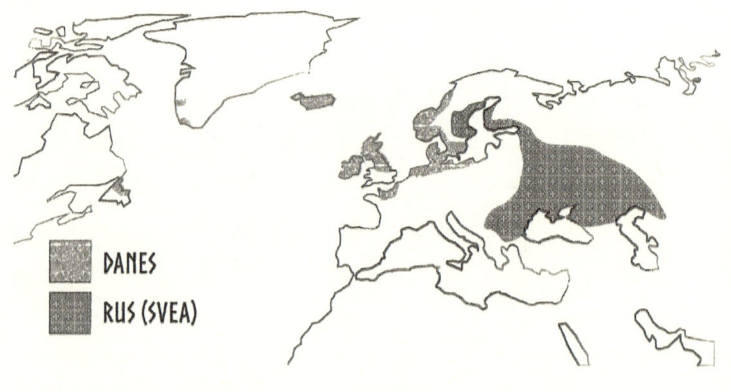

HVOR VAR DE VIGTIGSTE VIKINGEBYER I JERNALDEREN?

Nogle få byer er grundlagt af vikinger, men de fleste besat og udviklet i jernalderen.

Blandt de vigtigste var Ribe, Dublin, Jórvik (York), Holmgarðr (Novgorod), Kiev, Jelling, Roskilde, Uppsala, Uppåkra, Birka, Sigtuna og Heiðabýr.

Birka eksisterer ikke mere, men lå kun få kilometer fra dagens Stockholm, så den er nærmere flyttet end forsvundet.

Heiðabýr blev raseret og nedbrændt i 1049.

Andre byer har været vigtige i en kort periode, og andre er vokset i betydning efter jernalderen.

Man kan tro at London har været vigtig siden romerriget, og stadig er vigtig i dag, men i jernalderen var det Jórvik som var vigtig – det var der beslutningerne blev taget og pengene tjent.

Miklagarðr blev aldrig erobret af vikingerne, men var utroligt vigtig som handelspartner og arbejdsgiver. Miklagarðr betyder bogstaveligt talt *"den store by"*.

HVAD VAR FORHOLDET MELLEM VIKINGER, FRISERE, SAMER, ANGLO-SAKSERE OSV.?

Jeg vil prøve at forklare dette så enkelt som muligt – og det vil stadig være kaotisk!

Da isen forsvandt fra Skandinavien for 12.000 år siden kom nogle af de første indvandrere østfra, og blev samerne, som levede – og stadig lever – i den nordligste del af Skandinavien, hvor de holder rensdyr i en semi-nomadisk livsstil.

De har en etnicitet og et sprog for sig selv, som ikke er relateret til oldnordisk.

Det område de lever i er ikke interessant for jæger-samlere, så der har været begrænset kontakt mellem dem og de fleste andre grupper af mennesker i Skandinavien, indtil midten af middelalderen.

I det sydlige Finland ankom finnerne fra området omkring Uralbjergene, i det nuværende Rusland.

Samerne og finnerne kom åbenbart så godt ud af det med hinanden, at deres sprog er nu er tæt relaterede.

Syd for Skandinavien, i det område der er nutidens Frankrig, Holland og Tyskland, fandtes de germanske stammer. En af de få grupper i Europa som romerriget aldrig fik ram på.

Germanerne havde to udløbere: Danerne, i vore dages Sydsverige, og sakserne i Nordvesttyskland og Jylland.

Da romerriget kollapsede omkring år 500 begyndte folk at rende rundt i det, der kaldes Folkevandringstiden.

Danerne blev skilt ad i to grupper: Rus og Danere (for at holde det enkelt…).

Danerne fyldte den sydlige del af Skandinavien; Danmark, det sydligste Sverige og Norge, og skubbede sakserne ud af Danmark.

Rus bevægede sig gennem, eller rundt om, vores dages Småland, for at bosætte sig rundt om Mälaren i det centrale Sverige.

Sakserne flyttede til vore dages England, som på det tidspunkt var beboet af Romano-britiske folk, og tilsammen blev de til anglo-saksere.

I det nordlige Skotland fandtes pikterne, og i Irland irerne.

Irerne invaderede Pikternes områder, og resultatet var skotterne.

Germanerne fik to yderligere udløbere: Friserne og Frankerne.

På et tidspunkt i det tidlige 700 tal har der vist været en vis konkurrence mellem friserne og danerne om at beherske havene i deres fælles område.

Derefter hører vi ikke meget til friserne… (Lidt unfair, men bær over med mig.)

Som nævnt var der en ubrudt forbindelse mellem danerne og rus, når det kom til handel og sprog, men relativt nye DNA analyser viser at der ikke har været mange delte senge.

Så omkring 700 har vi nogle få separate grupper af mennesker, med samer og finner der holder sig for sig selv i den nordligste og østligste del af Skandinavien, rus og danere i det sydlige og centrale Skandinavien, anglo-saksere i England, skotter i Skotland, Irere i Irland, og frankerne syd for Skandinavien.

Er du med så langt?

Disse grupper bestod af adskillige – hvis ikke hundredvis – af små kongeriger, men de havde det meste af deres tro til fælles, handlede med hinanden, plyndrede hinanden og tog hinanden som slaver. Alle sammen!

I det vestlige Norge er der blevet handlet lidt mellem danere og samer, som arkæologiske fund afslører, og sagaer fortæller at kong Haraldr Hárfagri giftede sig med den samiske prinsesse Snøfrid Svåsedottir, men ud over dette har der ikke været meget kontakt.

Anglo-sakserne blev kristne, og selvom de engelske kongeriger bekæmpede hinanden ivrigt, var der ingen der ville vove at angribe et kloster, hvilket gjorde at de var ret ubeskyttede. En fremragende niche for folk der er pisse ligeglade.

De første par hundrede år af jernalderen samarbejdede danerne ikke, men handlede og plyndrede uafhængigt af hinanden, med og mod hinanden, og med og mod engelske kongeriger, med konstant omskiftelige alliancer.

Det var noget rod, for at sige det mildt.

Resultatet af dette rod var mere og mere sammentømrede alliancer og voksende kongeriger.

I syd skabte Karl den store (Charlemagne) det såkaldt Hellige Romerske Kejserrige, som strakte sig fra det centrale Italien til den danske grænse, og fra det østlige Frankrig til midt i Polen (i vore dages grænser).

De engelske kongeriger Mercia, Wessex, Northumbria, East Anglia osv. eksperimenterede med forskellige alliancer.

Dette ledte til at alle danere samarbejdede og skabte den fælles Store Hedenske Hær.

Udkommet var at Sveinn *"Tjúguskegg"* Haraldsson (Svend Tveskæg) skabte Nordsøimperiet, og regerede Danmark,

Sydsverige, det sydlige Norge, og Danelagen (en stor del af nutidens England).

Den danske vikingehøvding Hrólfr (Rolf eller Rollo) sled på det Hellige Romerske Rige ved at angribe byer og klostre langs Seinen, helt ned til Paris, og mange andre vikinger konkurrerede med ham om tyvekosterne. Kejseren slog en handel af med ham, og gav ham den nordligste del af landet, sådan at han ville blive en stopklods for andre vikinger.

Det blev til et nyt land, en ny gruppe vikinger og et nyt magtcenter: Normandiet. De samme normannere der ville angribe og overtage England kun 19 dage efter danerne blev smidt ud.

I øst var situationen mere stabil. Rus indtog større og større dele af det område de slaviske stammer beboede, mens de stadigt flyttede sig længere mod syd, i retning mod Sortehavet, for at komme tæt på Miklagarðr – hovedstaden i det byzantinske rige.

Med Birka, i Sverige, som udgangspunkt skabte Hrøríkr (Rurik) et magtcentrum i Holmgarðr (Novgorod) ved den vigtige flod Dnieper.

I 882 flyttede de hovedstaden til Kiev, nogle hundrede kilometer nede ad floden, næsten midtvejs mellem Birka og Miklagarðr.

De forsøgte at indtage Miklagarðr flere gange, men lykkedes aldrig at komme igennem muren.

Samtidig fortsatte handelen med byen, og efter nogle angreb blev der lavet en fredsaftale som førte til oprettelsen af den varangiske garde; en særlig militær enhed sammensat af Rus vikinger i den byzantinske kejsers tjeneste.

Det var åbenbart ikke almindeligt at bære nag dengang…

Rus regerede skånselsløst over de slaviske folk i Kievan Rus, mens de samtidigt tilpassede sig lokale skikke, sprog, mode, navne osv.

Inspireret – eller tvunget – af det byzantinske rige adoptere-de de den ortodokse kristendom, og tvang de slaviske stam-mer til at følge trop.

Alle disse tilpasninger og kompromisser blev til grundlaget for den moderne ukrainske og russiske kultur.

Det kan lyde som et kaotisk værksted med alt værktøj i brug på samme tid, men sammenlignet med situationen i Vesteuropa var det en formidabel opvisning af stabilitet.

VIKINGEKVINDER

Naturligvis var jernalderens samfund i Skandinavien mandsdomineret på mange måder, men kvinder holdt ikke desto mindre mange centrale positioner i samfundet, som blev taget fra dem med kristendommens introduktion.

Middelalderens kristendom var på den ene side meget stringent (langt mere end vi kan forestille os i dag) men på den anden side var det en ret udvandet version der blev indført i Skandinavien, i slow-motion, så tabet kom over flere generationer.

Da kvinderne *"holdt fortet"* på gården, når manden var ude på handels- eller plyndringstogter, ville gårdens frue i realiteten være den, der gav det endelige svar på alle spørgsmål vedrørende driften, uanset om manden var hjemme eller ej.

Kvinderne havde stor indflydelse i religiøse sammenhænge, blandt andet som völver (kvindelige shamaner).

Patronymer har været brugt i Skandinavien indtil 1800-tallet, men før kristendommen var det ikke ualmindeligt med matronymer, som Svend Estridsen og Sigurðr Áslaugsson.

Så det ser ud som om reel kvindeundertrykkelse kom med kristendommen.

Men i toppen af magtpyramiden er kvindelige herskere lettere at finde for historikere og arkæologer end kvinderne på almindelige gårde.

Grave af stor betydning er som en refleks blevet opfattet som mænds, indtil moderne DNA analyser har gjort det muligt at tyde kønnet på skeletfragmenter, hvilket har været noget af en øjenåbner.

Den begravede konge i Osebergskibet viste sig at være en kvinde, og at dømme fra indholdet af graven måske et af de mest magtfulde mennesker i Skandinavien nogensinde.

Desværre ved vi intet om hende. Der er mange teorier, men det er teorier.

I Danmark er det helt indlysende at både Gormr *"Gamli"* Hardeknudsson og hans søn Haraldr *"Blátǫnn"* Gormsson fik deres royale legitimitet og magt fra deres kone og mor Þórvi *"Tannemark Bod"* Haraldrsdottir. Hun er nævnt på adskillige runesten, og tyder på at have været den reelle regent i Danmark. *"Tannemark Bod"* kan løst oversættes til *"Danmarks Pryd"*.

Den store centrale gravhøj i Jelling er lavet til hendes ære, og hun er nævnt på begge runesten på stedet. Rundt om gravhøjen er der opsat en symbolsk stensætning, der har form som et skib, i stedet for et skib inde i gravhøjen; hendes skibssætning skulle være enorm!

I Sverige viste en vigtig krigergrav sig at indeholde skelettet af en kvinde, og selvom årsagen til våbensamlingen i graven stadig diskuteres, er der ingen tvivl om, at hun havde stor betydning i sin egen ret.

Det bringer os til den mest magtfulde kvinde i Skandinaviens historie, som får et helt afsnit for sig selv i denne bog: Helga af Kiev, som regerede det største imperium i Europa på den tid.

Før vi begyndte at bruge titlen *"konge"* brugte vi titlen *"drot"* om en suveræn hersker. Den kvindelige udgave er *"Drotning"*. Drotning betød oprindeligt ikke, at man var gift med en konge, men at man var en kvindelig hersker.

For at blive en kvindelig hersker, i et mandsdomineret samfund, skulle man være enearving efter en konge uden sønner, eller enke efter en konge – som Helga af Kiev.

Mange kvinder har dog regeret på vegne af en ikke-myndig søn, uden at få titlen dronning. En af de mest berømte i Europa er måske Margrete Valdemarsdatter, som regerede hele Skandinavien på vegne af sin søn. Da han døde, skyndte hun sig at adoptere en slægtning af passende alder, så hun kunne bevare magten. Selv da han blev gammel nok, var det stadig hende, der trak i trådene, for at sikre sig at han ikke kunne ødelægge det hele før efter hendes død. Hvilket han gjorde!

I 1970'erne skulle danskerne træffe et valg: Kvindeligt arvefølge eller en intellektuelt udfordret nevø. De valgte kvindeligt arvefølge. Den nye dronning valgte at kalde sig Margrethe 2., for at ære Margrete Valdemarsdatter, og på denne måde udnævne hende til dronning posthumt.

For nylig foretog svenskerne det samme valg; principielt, da kongen stadig er i live.

Island er en republik, og kan derfor ikke fremvise en dronning, men de valgte den første kvindelige præsident i verdenshistorien; Vigdís Finnbogadóttir, i 1980. Med præcis 16 år på posten er hun stadig det længst regerende folkevalgte kvindelige statsoverhoved.

Mens vi kæmper med at udrydde effekterne af middelalderens kristendom er de skandinaviske lande nu anset som de mest ligestillede i verden, ifølge World Economic Forum og Forenede Nationers årsrapporter.

Vi ved ikke om ligestilling var et diskussionsemne i jernalderen, men det er tydeligt i historien og arkæologien at kvinder havde større betydning i forn siðr samfundet end i middelalderens kristne samfund, selvom det faktisk var kvinder der pressede på for at få kristendommen introduceret, som Helga af Kiev, og Þjóðhildur Jörundsdóttir, som var gift med Eirikur *"Rauði"* Þorvaldsson (Erik den røde) og byggede den første kirke i Brattalið (i Grønland). Tal om at skyde sig selv i foden.

VAR DER SKJOLDMØER – KVINDELIGE KRIGERE?

Der har uden tvivl været kvindelige krigere, men beviserne er utydelige.

Krigergrave er blevet udgravet som indeholdt angrebsøkser, sværd og skjolde, hvor DNA analyser viser at den begravede var en kvinde.

Det er ikke et svar, men begyndelsen på en masse spørgsmål.

Modtog hun disse gravgaver fordi hun var et betydningsfuldt medlem af samfundet, tilhørte de hendes mand, som var død i et slag, kæmpede hun for at forsvare byen, eller har hun selv været på togter?

Svaret kan være ja på et eller flere af disse spørgsmål, i enhver grav – mand eller kvinde.

Vi vil nok aldrig få det at vide.

En grav med våben ved siden af et kvindeligt skelet med tegn på vold ville være det bevis vi har ventet på, og det er ikke fundet endnu.
(Dette er omdiskuteret mens jeg skriver dette.)

De engelske, frankiske og arabiske forfattere, som har beskrevet vikingerne i jernalderen, har ikke fremhævet kvindelige krigere specielt.

Naturligvis har kvinder været i stand til at håndtere våben, eftersom byen eller gården har været udsat for angreb af dårlige naboer, når mændene var på togt.

Selvom hun måske ikke selv har svinget en økse, kan du glæde dig til at læse historien om Helga af Kiev.

PRAKTISEREDE VIKINGERNE POLYGAMI?

Der ser ikke ud til at have været konsensus. Det må have været meget forskelligt fra sted til sted.

Intet tyder på, at det har været en meget udbredt praksis.

Kongerne Svend Estridsen og Haraldr Hárfagri havde et imponerende antal koner, friller (officielle elskerinder) og børn, men der er uklarhed omkring overlappende.

KUNNE JERNALDERENS VIKINGER SKILLE SIG?

Mere end en samtidig kilde hævder at skilsmisse var almindeligt, med chokerede bemærkninger om kvinders ret til skilsmisse.

Ibrahim ibn Yacqub Al-Tartushi skrev: *"De skiller sig fra deres mænd når de har lyst!"*

Skilsmisse mellem aserne nævnes også i mytologien, fx Skaði som forlader Njörðr, og både Njörðr og Frigg er nævnt som aser for skilsmisse.

Denne praksis forsvandt da kristendommen blev normskabende (ca. 1100) og kom tilbage, da kristendommen gled ud (ca. 1950).

Det rygtes at de skandinaviske lande er mellem de steder hvor skilsmisse er mest udbredt, men dette er ikke sandt, da de er på pladserne 20 (Sverige), 22 (Danmark), 39 (Island) og 46 (Norge), efter lande som Egypten, Kasakhstan og Kina.

JERNALDERENS VIKINGER OG LGBT+?

Det er den almindelige opfattelse, at vikingerne var meget åbensindede og nysgerrige på de fleste områder, men at påstå at vi kender til deres holdninger til LGBT+ ville være at strække det for langt.

Vi har arkæologiske udgravninger, sagaer og krøniker, og ingen af dem nævner LGBT+ specielt, så det ville være et vildt gæt.

I mytologien er der aser der skifter køn, begge veje, flere gange.

Loki er et eksempel: Han bliver til hunkøn og føder tre gange.

I sagaerne er der venskaber der beskrives på en måde der kunne hentyde til bi- eller homoseksualitet, men vi er nødt til at huske på hvordan attituder og beskrivelser ændres over tid, og over afstand.

Et eksempel på hvor let det er at blive misledt er hvor almindeligt det er for mænd i Nordafrika at holde deres mandlige venner i hånden, på gaden, i et samfund der er rædselsslagent ved den blotte tanke om homoseksualitet.

Nu taler vi om folk der levede for tusinde år siden… Folk som ikke havde et ord for homoseksualitet.

I krønikerne skrev præster og munke om alt de ikke brød sig om ved vikingerne, og de nævner ikke LGBT+.

Så: Vi ved det ikke!

HAR DER VÆRET ARABISKE ELLER AFRIKANSKE VIKINGER?

Det er her det bliver utydeligt, og vi er nødt til at gå tilbage til det oprindelige spørgsmål: *"Hvad er en viking?"*.

Nogle slaver er blevet frie og ligestillede borgere i samfundet, og har deltaget i togter.

En håndfuld af disse kan have været arabiske eller afrikanske.

Mange Rus vikinger kæmpede i den byzantinske Varangiske garde, uden tvivl side om side med krigere fra andre dele af riget.

Andre grupper af vikinger har i utallige tilfælde allieret sig med lokale på deres togter.

Det er vigtigt at huske på at de fleste magthavere i historien har været tyranner, og dele af befolkningen har derfor anset enhver udefrakommende fjende som befriere.

Vikingerne var verdensmestre i at finde disse undertrykte folk og skabe alliancer.

Det er sådan 800 vikinger kunne indtage et helt land. Så vikingerne har uden tvivl kæmpet side om side med både arabere og afrikanere.

Men at være allieret med en viking gør ikke folk til vikinger, så længe de holder fast i deres egen kultur.

Så lad os bare sige *"Ja, der må have været nogle, men sandsynligvis kun en lille håndfuld."*

TOG VIKINGERNE SLAVER?

Ja, det gjorde de.

Slavehandel var faktisk en af de primære indtægtskilder for vikingerne i jernalderen.

I nogle tilfælde var det reelt blot en kidnapning, da familien kunne købe dem frie på stedet, men de flest blev taget med til de store slavemarkeder i Dublin, Jórik (York), Birka, Heiðabýr, Kiev eller Miklagarðr (Konstantinopel).

Dublin og Heiðabýr er måske endda grundlagt til slavehandel.

Slaverne i jernalderen blev kaldt trælle, mens ordet *"slave"* nok kommer fra det faktum at de fleste slaver var slaviske folk.

Foruden slavehandelen med andre nationer havde vikingerne selv slaver på alle større gårde.

De levede som en underkuet del af familien, sov ofte under samme tag som deres ejere, men oftest i den modsatte ende af huset, sammen med husdyrene.

I nogle tilfælde kunne slaver tjene penge og købe deres egen frihed.

I andre tilfælde kunne slaver blive frie gennem ægteskab eller adoption.

Der er tilfælde, hvor folk frivilligt er blevet slaver for at overleve hungersnød.

Jeg prøver ikke at strø sukker på det: At være slave – eller træl – var nedværdigende, hårdt arbejde, ubegribeligt hårde livsvilkår, udsat for enhver form for overgreb, inklusive voldtægt.

Vi hører kun om de slaver, der bevægede sig til samfundet top, aldrig de hundrede tusinder som døde unge og nedbrudte.

I Danmark bruges ordet *"træls"* stadig om alt, der er irriterende eller hårdt.

HVORDAN HAR JERNALDERENS VIKINGER PÅVIRKET NUTIDEN?

INTERNATIONALT

På mange sprog i Nordeuropa har ugedagene stadig navn efter aserne.

Mange ord på moderne engelsk, som: wife, knife, son, daughter, eggs, sky, etc.

Juletraditioner som at æde og drikke for meget i stedet for at faste, dekorere med gran og frugter osv.

Nytårsløfter.

Talløse historie- og saga-inspirerede film fra History Channel til Marvel, og alt ind imellem.

Kunstnerisk påvirkning af indretningsdesign, mønstre m.m.

Skibsdesignet findes stadig i dag, hvor vigtige dele af designet kan genkendes i selv de største containerskibe på havet.

Men vigtigst af alt naturligvis det moderne parlament
– *"Altinget"*.

Uden altinget – folketinget – kunne et moderne repræsentativt demokrati ikke fungere.

Vikingerne har grundlagt adskillige byer, inklusive Dublin, og regioner, som Normandiet.

Og lad os ikke glemme, hvordan de er inspirationen til *"Der Ring des Nibelungen"* af Richard Wagner, og *"Ringenes Herre"* af J.R.R. Tolkien.

Vikingerne koloniserede England i jernalderen, og England koloniserede store dele af verden i opdagelsestiden, hvor de spredte vores mærkelige vaner og kultur.

I SKANDINAVIEN

I Skandinavien er det naturligvis overalt.

Halvdelen af alle børns navne, de fleste byer, mange gader og pladser.

Danmark, som er en pandekageflad øgruppe, har alle disse små høje, spredt ud over hele landskabet, typisk 25 meter i diameter og fem-ti meter høje. Man ser dem overalt, og små børn bruger dem som kælkebakker om vinteren. Det er bronze- og jernaldergrave.

Skandinaviske børn vokser op med historier om aserne og alle deres narrestreger.

Selv den store forkærlighed for gris og sild på tallerkenen har sin rod i jernalderen.

Sproget er naturligvis udviklet fra oldnordisk, og selv ord som ikke har nogen betydning i dag bruges jævnligt, som *"jätte"* på svensk og *"træls"* på dansk.

I design, som stadig anses som en vigtig del af Skandinaviens berømmelse, er der et stort fokus på naturmaterialer, holdbarhed og flere anvendelsesområder.
Er det en kande eller en vase? Er det et spækbræt eller et serveringsfad?
I Skandinavien er svaret naturligvis *"ja"*.

Skandinaver har den vikingeattitude der gør os åbensindede og generelt velopdragne, men samtidigt besynderligt hensynsløse overfor ting som er irrationelle, som religiøse dogmer eller familiens *"ære"*.

En teenagedatter der er blevet genkendt beruset og nøgen på stranden ville være en katastrofe i en Saudi-arabisk familie, men vi kunne næsten ikke være mere ligeglade.

Og sidst, men ikke mindst: Ordet *"hygge"*.

Vegvisir (Vejviseren) er et magisk symbol som hjælper bæreren med at finde vej. Symbolet kendes fra Huld Manuskriptet, som er samlet af Geir Vigfusson i 1860, i Island, og kendes ikke fra tidligere end dette.

VIKINGELANDEDE NU

Selvom Grønland og Sverige er lette at finde på et kort, kan man roligt sige at vikingelandene nu er mikronationer.

Storebror Sverige har 10 millioner indbyggere, Danmark 5,8, Norge 5,4, Island 370.000, Grønland 57.000 og Færøerne 53.000.

Militæret og flåden har meget lav prioritet.

Grænserne er blevet flyttet rundt som et vildt brætspil, da det oprindelige magtcentrum, Danmark, mistede indflydelse til Sverige.

Senere blev deling en ting, hvor Norge, Finland og Island fik selvstændighed i henholdsvis 1905, 1917 og 1944.

Grønland og Færøerne er stadig semi-uafhængige danske kolonier.

De år hvor vi havde indflydelse i England, Frankrig, Rusland og Ukraine er definitivt slut.

Den eneste skygge vi har af den mægtige vikingeflåde er det danske shippingfirma Mærsk.

Slavehandlen og nedbrændingen af verden er blevet erstattet af IKEA og Carlsberg.

Skal man lave film om vikinger, skal man til Norge, som har de dramatiske lodrette bjerge og dybe fjorde. Sverige er en stor skov, og Danmark er en masse flade øer og strande.

På Island finder man vulkaner og nordlyset, og Færøerne er skjult i en tåge.

Grønland er storslået og imponerende, men det er umuligt at komme rundt.

Mange byer, pladser og veje er navngivet i jernalderen, eller inspireret af jernalderen, og man kan grine lidt når man tænker på hvad der står parkeret på *"Odins parkeringsplads"* eller om *"Miklagårdsvej"* faktisk går hele vejen til Istanbul.

I Danmark ser man at den middelalderlige kirkearkitektur er selvforklarende: De er ikke bygget til bøn, men til forsvar. Religion har altid handlet mere om politik end tro.

Når det kommer til arkitektur, sprog, og de finere detaljer i kulturen vil du observere den logiske konsekvens af geografi: Danmark er mest *"pan-europæisk"*, Sverige lidt mindre, Norge er mere selvstændigt skandinavisk, og Island er fuldstændigt afskåret fra kontinentet; de lærer stadig runer i skolen og bruger patronymer som efternavne.

VIKINGER OG KULTUREL APPROPRIATION

Det hænder at jeg møder skandinaver, der bider sig i knoerne når amerikanere laver vikinge reenactments, blóter til Óðinn, osv.

Det kan ses som dobbeltmoral ophøjet til maksimal styrke.

Vikingekulturen i jernalderen var selve indbegrebet af kulturel appropriation.

Ikke blot blev vikingerne lyn-integreret når de bosatte sig i et nyt land, de tog skibsladninger af ideer, værktøj, mode, mad, overtro, historier og opskrifter med hjem og gjorde dem til sine egne.

Vikingekulturen var – og er stadig – en levende, voksende, og konstant omskiftelig organisme, med adskillige afkom.

Rus vikingerne lagde grunden til den moderne russiske kultur, Daner og Normanner lagde grunden til den moderne engelske, og denne indflydelse har spredt sig så vidt omkring i verden at når en Inder siger *"Wife"* (og 2000 andre ord) så taler han oldnordisk. I Argentina pynter de op til jul med gran.

Men det var ikke en ensrettet vej, og hvis du besøgte en skandinavisk gård i år 1000 ville du finde ting og ideer fra hele den nordlige halvklode.

Hvis du spurgte en Petjenegi *"Hvem gjorde jer kristne?"* ville han naturligvis svare *"Det gjorde vikingerne!"*

Hvis vi kunne puste liv i en 1000 år gammel viking, ville han så spise Tom Yum og bruge en mobil? Åh, ja, uden at blinke.

Det er sådan verden fungerer, og hvis vi skal have lov til at spise spaghetti med kødsovs, så skal amerikanerne have lov at lege vikinger.

Det eneste tidspunkt hvor det bliver selvmodsigende er når tosser approprierer vikingesymboler og bruger dem til at promovere nationalistiske, eller endda racistiske ideer.

Det sker desværre, ikke blot i USA, men her i Sverige er der en gruppe som kalder sig Nordisk Motstandsrörelse, der bruger T-runen som deres logo.

Et ekstremt eksempel på ikke at forstå sit eget lands historie, og som det oftest er tilfældet er det altid de mindst tiltalende medlemmer af en etnisk gruppe som hævder at den er overlegen.

HVAD ER NORDICISME?

Nordicismen så dagens lys i 1930'erne. Det er overbevisningen om at skandinaver er en raceren etnisk gruppe der burde regere verden, eller i det mindste leve isolerede for at undgå racebiologisk *"forurening"*.

Hitler brugte dette i sin propaganda, og nu bruges det af nynazister, som Nordisk Motstandsrörelse, og Jacob Chansley, den selvudnævnte *"QAnon Shaman"* fra Arizona.

De har ikke læst et eneste ord om vikinger før de besluttede, at de er: Høje, blonde, stærke, voldelige, homofobiske og racistiske kvindehadere.

Lad os lige klarlægge:

Nogle vikinger var høje, andre ikke.

Nogle vikinger var blonde, de fleste var ikke.

De fleste var stærke, da de arbejdede hårdt med primitive værktøjer.
Ligesom alle andre i jernalderen.

Vikingerne var ekstremt voldelige, i en ekstremt voldelig tid.

Homofobiske? Det ved vi ikke, men de tilbad aser der jævnligt skiftede køn…

Racister? Begreberne race og etnicitet var ikke opfundet. En anderledes hudfarve var anderledes, hverken mere eller mindre. Vikingerne tog slaver, der tilhørte deres egen kultur, sprog, hudfarve og tro, og solgte dem til folk, der på alle måder var anderledes, uden at blinke med øjnene.

Kvindehadere? Det var jo et ret mandsdomineret samfund, men kvinders anseelse var betydeligt bedre i jernalderen end

i middelalderen. Decideret kvindeundertrykkelse blev impor-
teret fra andre steder i Europa.

I de sene 1990ere og tidlige 2000 var der en tendens mellem
skandinaver til ikke at bruge vikingesymboler – og endda
deres egne flag – for ikke at blive forvekslet med mentalt
retarderede racister.

Heldigvis har denne tendens ændret sig, og normale raske
mennesker har taget symbolerne tilbage.

Der er dog en enkelt undtagelse: Hagekorset, der blev brugt
af vikingerne (og romerne, inderne, aboriginals og mange
mange flere) og var Carlsbergs logo, bruges ikke mere. Det er
blevet for betændt.

VIKINGEHISTORIER

HELGA AF KIEV

<u>**FORMODET HISTORISK KORREKT: 70%**</u>

Rus vikingerne – eller Svea – fra området omkring søen Mälaren, med kendte byer som Uppsala og Birka, fandt mundingen til Dnieper floden på den anden side af Østersøen, og tog på talløse togter for at handle og plyndre allerede i bronzealderen, og måske endda tidligere.

I 862 etablerede Hrøríkr (Rurik) sig selv som regent af Holmgarðr (Novgorod), og blev grundlæggeren af Rurik dynastiet, som kom til at regere Rusland og Ukraine indtil 1610, hvor Zar Vasili IV døde som den sidste af Rurik dynastiet.

Hrørikrs søn Ingvarr Hrøríksson (Igor Rurikovich) flyttede hovedstaden fra Holmgarðr til Kiev og giftede sig med Helga.

Vi ved næsten ingenting om Helgas tidligere liv eller baggrund, undtagen at hun var 15 år da hun giftede sig med prins Ingvarr.

Men siden blev hendes navn kendt, og lidt til!

Rus havde underlagt sig Drevlingerne, og i 945 drog Ingvarr til drevlingerne for at indsamle skat. Der blev han myrdet, af drevlingernes prins Mal, og efterlod sig Helga og deres treårige søn – og arving til tronen.

Kort efter sendte prins Mal tyve soldater til Helga for at frie til hende. En kvinde kan trods alt ikke regere et land alene…

Ifølge legenden blev de bedt om at vente til næste dag i deres båd, hvorefter de ville blive båret til slottet i båden, hvilket var en særlig ære.

Den næste dag blev de faktisk båret i båden, helt hen til et stort hul ved siden af slottet, hvor de blev kastet ned. Herefter blev hullet dækket til.

Helga, som havde beordret hullet gravet, og iscenesat hele showet, kom forbi og spurgte om de fandt æresbevisningen tilfredsstillende.

Helga sendte derefter besked til prins Mal, at hvis han ville gifte sig med hende, skulle han sende et følge af de tyve mest betydningsfulde mennesker ved sit hof for at spørge.

Drevlingerne, som ikke vidste hvad der var sket med det første hold der blev sendt ud, sendte de tyve højest rangerende typer.

Da de ankom, sagde Helga, at hun ville mødes med dem, når de havde badet. Mens de badede, blev dørene sømmet til, og badehuset stukket i brand, så de alle brændte ihjel.

Helga sendte endnu en besked til prins Mal, at hun accepterede, og ville ankomme sammen med begge følger som var sendt til hende, og at han skulle forberede et stort bryllup.

Da hun ankom med et lille følge af Rus vikinger undrede prins Mal sig over hvor hans følger var, men fik beskeden, at de var for langsomme, og hun ikke havde tålmodighed til at vente på dem, så de ville ankomme senere.

Festlighederne begyndte, og som medvært sikrede Helga sig at alle fik rigeligt at drikke.

Samtidig sneg en betydelig styrke af vikinger sig ind i skovene omkring festen.

Sent på aftenen, da alle var ekstremt fulde, angreb vikingerne og dræbte alle.

Ifølge den primære krønike (det hedder den!) var der fem tusinde gæster til brylluppet, og kun nogle få overlevede.

Helga tog hjem og samlede en ordentlig hær til at konsolidere drevlingernes område, men særligt én by gjorde modstand: Iskorosten, hvor Ingvarr var blevet myrdet. Indbyggerne var overbevist om, at de ikke ville blive skånet, så de forsvarede sig med alle midler.

Byen var omkranset af mur og palisader, og var befæstet i næsten et år, uden at man var kommet ind i byen.

Helga sagde til indbyggerne, at hvis de ville bevise deres velvilje, ville hun skåne dem.

Spurvene havde netop lagt æg, og Helga sagde, at hvis de fangede alle byens spurve og gav dem levende til hende, som et bevis på deres velvilje, så ville både indbyggerne og spurvene slippe fri, og hun ville skåne deres liv.

Indbyggerne gjorde som hun sagde, og hun gav sine soldater besked på at binde et lille stykke svovlvædet stof fast til alle fuglenes ben.

Da mørket faldt på satte de ild til stoffet og slap fuglene fri. Naturligvis fløj fuglene tilbage til deres reder, og startede tusindvis af brænde i byen.

Den primære krønike beretter: *"Der var ikke et hus der ikke stod i flammer, og det var ikke muligt at slukke ilden, da den var overalt"*.

Befolkningen flygtede så hurtigt de kunne, og uden for byen stod vikingerne klar og henrettede de fleste og tog resten som slaver.

Helgas afdøde mand, prins Ingvarr havde belejret Miklagarðr (Konstantinopel) to gange, i 941 og 944, og selvom græsk ild (napalm) havde ødelagt en stor del af hans flåde, og han aldrig kom igennem murene, havde den byzantinske kejser Constantin VII alligevel indgået en gunstig handelsaftale med ham i 945.

I 950 besøgte Helga Miklagarðr, hvor hun blev modtaget af kejseren.

Med et lystigt øje på Kievan Rus riget – og den tanke at en kvinde ikke kan regere alene – bad han Helga gifte sig med ham.

Hun svarede, at hun var hedning, og ville kun konvertere til kristendommen, hvis hun blev døbt af patriarken (*"paven"* i den ortodokse kirke) og hvis han ville være hendes gudfar.

At konvertere regenten af Kievan Rus til kristendommen var et godt tilbud, men det ville også forhindre kejseren i at få magten via ægteskab, da det ville være ulovligt at gifte sig med sin guddatter, ifølge kirkens regler.

Hun havde taget røven på ham, men han gik med til dåben, hvor Helga tog det kristne navn Helena (eller Elena).

Aftalen havde fordele for begge parter, da en fælles religion ville sikre handelen med slaver, pelse, rav, og andre eksotiske varer fra Kievan Rus, og Helga rejste hjem med guld, sølv, silke og nogle fine vaser.

Hjemme i Kiev byggede hun en kirke, og begyndte at agitere for kristendommen.

Nogle af hendes mere modvillige undersåtter blev tvunget til at konvertere, imens hendes nærmeste allierede selv fik lov at bestemme.

Hendes egen søn, Sveinald Ingvarsson (Sviatoslav den modige) nægtede, og forblev hedning resten af sit liv, men gav sin moder, Helga, en storslået kristen begravelse.

Han regerede over Kievan Rus i ti år; en regeringstid der er kendt for hurtig ekspansion ind i Volga floddeltaet, den Pontiske slette og Balkan. Ved slutningen af sit korte liv havde Sveinald skabt det største rige i Europa. Han blev angrebet og dræbt af Petjenegi i år 972. Den primære krønike fortæller, at Petjenegiernes khan lavede en drikkeskål af hans kranie.

Det påstås ofte at vi siger *"skål"* i Skandinavien, fordi vikingerne brugte kranier som skåle til at drikke af, men det var faktisk en viking, der blev til en skål, ikke omvendt.

Hans yngste, og uægte, søn, Valdemar Sveinaldsson (Vladimir den store), født af hans husholderske Malusha, blev kristen, og erklærede at kristendommen var landet officielle religion i Kievan Rus i år 988, efter at have shoppet en del rundt mellem religionerne.

Samtidigt var han nødt til at dræbe alle sine ældre søskende for at få magten, da han var den sidste i rækken til tronen.

Først prøvede han at reformere slavisk hedenskab i et forsøg på at identificere sig selv med forskellige guder, tilbedt af hans undersåtter. Han byggede et tempel på en bakke i Kiev, der var tilegnet nordiske, slaviske, finske og persiske guder. Samtidigt inviterede han missionærer fra islam, den romersk katolske kirke, jøder og den byzantinsk ortodokse kirke.

Endelig valgte han den sidste, hvilket nok har været det bedste valg i forhold til fortsat handel og forsvar.

På et tidspunkt i 1200-tallet blev Helga, døbt som Helena (eller Elena) og kendt blandt slaviske folk som Olga, kanoniseret af den ortodokse kirke, som Sankt Helena eller Sankt Olga, og senere blev hun udnævnt til nationalhelgen i Rusland og Ukraine; *"ligestillet med apostlene"*.

Når man læser Helgas livshistorie, er det jo oplagt at hun blev en kristen helgen.

Senere er hendes barnebarn, Vladimir den store, også blevet kanoniseret.

RAGNARRS SØNNERS HÆVN

FORMODET HISTORISK KORREKT: 1%

Den svenske prinsesse Þora fik en lille slange som barn, og spurgte sin far, hvordan hun kunne få den til at vokse, da den var så lille, at den kunne ligge i hendes hånd.

Han sagde til hende, at hun skulle give den en guldmønt at ligge på. Det gjorde hun, og slangen voksede lidt. Dagen efter gav hun den endnu en mønt, og den voksede lidt mere. Da hun blev voksen, var slangen nu en fuldvoksen drage. (Bemærk: Drager i vikingemytologien er ikke bevingede ildspyende dyr, men store slanger.)

Hendes far sagde, at den, der kunne dræbe dragen, ville få hans datters hånd, alt guldet, og være arving til riget.

Ragnarr fik lavet nogle lodne bukser, der kunne beskytte ham mod giften fra slangen, og dræbte den. Som et bevis efterlod han spydspidsen i slangens hoved, så alle kunne se, at kun hans skaft ville matche spydspidsen.
(En lille Askepot-detalje der...)

Lodne bukser er *"Loðbrók"* på oldnordisk.

Det er historien om, hvordan han fik sit navn og blev konge af Sverige, mens han i andre historier er søn af den svenske konge.

I andre sagaer er han konge af Danmark og Norge, hvis du skulle undre dig.

Efter at Þora døde, opdagede han Kráka, en kvinde af enestående skønhed og visdom, der boede hos et fattigt bondepar i Norge, og giftede sig med hende. Dette ægteskab resulterede i sønnerne Ívarr *"Hinn Beinlausi"* Ragnarrsson,

Björn Járnsíða, Halfdan *"Hvítserkr"* Ragnarrsson, Ragnvald, Ubbe og Sigurðr *"Ormr í auga"* Áslaugsson.

Kráka blev senere afsløret som faktisk værende Áslaug, en hemmelig datter af den berømte helt Sigurd Fafnersbane (Dragedræber).

Da sønnerne voksede op til at blive berømte krigere, besluttede Ragnarr sig for at erobre England med kun to skibe, da han ikke ønskede at blive overgået. Han blev imidlertid besejret af overlegne engelske styrker og smidt i en slangegrav for at dø i smerte af kong Ælla af Northumberland.

Áslaug, der var en völve, havde lavet en magisk skjorte til ham, der beskyttede ham mod slangens bid og gift, så de måtte trække ham ud af hullet for at klæde ham af, før de kastede ham ind igen, og så ham dø.

Han holdt en længere tale om at gå stolt til Valhǫll og sagde: *"Hvor vil de små grise grynte, når de hører, hvordan den gamle orne led."*

Denne bemærkning ville tjene til at provokere sønnerne til at mande sig op, når de hørte om hans død.

Ifølge sagaen var det at hævne hans død årsagen til dannelsen af *"Den Store Hedenske Hær"*.

Ifølge middelalderens danske historikere var Ragnarr *"Loðbrók"* Sigurðsson far til Sigurðr *"Ormr í auga"* Áslaugsson, der var far til Hardeknud Sigurðsson > Gormr *"Gamli"* Hardeknudsson > Haraldr *"Blátǫnn"* Gormsson > Svein *"Tjúguskegg"* Haraldsson > Knútr *"Ínn ríki"* Sveinsson og så videre. De sidste fire er uden tvivl faktiske personer, og forfædre til den nuværende kongefamilie i Danmark.

HARALDR "HARÐRÁÐI" SIGURÐARSON

FORMODET HISTORISK KORREKT: 90%

For engelske historikere var Haraldr *"Harðráði"* Sigurðarson (Harald Hårderåde, løst oversat til Harald den hårde måde) den sidste rigtige vikingekonge.

Han blev født i 1015 af jarlen Sigurdar Syr og deltog i sit første slag i en alder af 15 år i Stiklestad.

Kampen stod mellem den danske konge Knútr *"Ínn ríki"* Sveinsson (Knud den Store) og Haralds egen halvbror Olav II Haraldsson.

Haraldr var på den tabende side af slaget og måtte flygte.

Først tog han til Kiev, hvor han fandt beskyttelse ved Jarizleifr Valdemarssons hof (Jaroslav den Vise), søn af Valdemar Sveinaldsson (Vladimir den Store) (se historien om Helga af Kiev).

Efter et stykke tid havde han brug for at rejse nogle penge, så han rejste til Miklagarðr for at slutte sig til den Varangiske garde.

Han kæmpede og gjorde sig berømt i Middelhavet, Lilleasien, Sicilien, Det Hellige Land og Bulgarien.

Rig på erfaring og penge tog han i 1046 tilbage til Skandinavien, hvor han straks blev en del af intriger og magtkampe, da den norsk-danske konge Magnus den Gode kæmpede mod den danske jarl Svend Estridsen.

Haraldr og Svend slog sig sammen, men da Magnus tilbød Harald at blive medkonge, svigtede han Svend.

Kort efter, i 1047, døde Magnus. Muligvis af de skader, han pådrog sig, da han forfulgte Svend efter en kamp på Sjælland og efter sigende faldt fra sin hest. Magnus gav Norge til Haraldr og Danmark til Svend.

Haraldr og Svend mødtes mange gange i kampe i de følgende år; både til lands og til vands.

Haraldr plyndrede og brændte Heiðabýr i 1049, ligesom han hærgede mange andre steder i Danmark. Skuldelevspærringen over Roskilde Fjord, hvis første del menes at være fra ca. 1060, tolkes ofte som et forsøg på at sikre Roskilde mod Haraldrs overraskelsesangreb. Selvom meget af Haraldrs hærværk virkede formålsløst, var han sandsynligvis for stor en strateg til blot at foretage tilfældige plyndringer. Måske var formålet at vise, hvordan Svend ikke kunne beskytte sine kyster, og dermed fjerne danskernes støtte til ham.

På trods af at Svend Estridsen tabte stort set alle slag mellem ham og Haraldr, formåede han at holde fast i magten, og de indgik et forlig i 1062. Krigerkongen Haraldr må have indset, at han skulle finde nye jagtmarker, og efter den engelske kong Edvard Bekenderens død i begyndelsen af 1066 invaderede Haraldr England. Her døde han dog samme efterår, den 26. september, i slaget ved Stamford Bridge mod den nye engelske konge, Harold Godwinson.

Hans død markerer ifølge engelske historikere afslutningen på vikingetiden.

GRØNLÆNDERNE

Naddoðr opdagede en ny ubeboet ø, kaldte den Sneøen, og rejste til Færøerne uden at gøre nogen yderligere indsats for at udforske den.

Rygtet kom omkring, og senere stod *"Hrafna"*-Flóki Vilgerðarson i spidsen for det første forsøg på at befolke øen, og det mislykkedes fuldstændigt. Ifølge legenden var det ham, der fandt på navnet Island.

Til sidst begyndte folk at flytte dertil og udvikle landbrug for at overleve på øen.

Þorvaldr Ásvaldsson, oldebarnet af Naddoðr, dræbte en mand i Norge i 950'erne, og på det tidspunkt medførte mord ikke nødvendigvis dødsstraf. For at undgå endeløse vendettaer var det blevet sædvane at forvise folk for mord, så Þorvaldr og hans udvidede familie flyttede til Island til en ny start.

Æblet falder sjældent langt fra træet, og i 970'erne dræbte hans søn Eiríkur *"Rauði"* Þorvaldsson (Erik den Røde) en mand i en strid og blev forvist.

Det fik ham til at rejse længere mod nord og vest, og fik ham til at opdage et nyt land, som han kaldte Grønland af en eller to grunde.

Først og fremmest var dette i den varme del af middelalderen, og det første syn af kysten kan faktisk have præsenteret sig som enorme grønne skråninger.

For det andet var det godt til at fange opmærksomheden hos folk, der bor i Island.

Til sidst førte hans indsats til etableringen af to bygder i Grønland, den vestlige og den østlige bygd. Begge ligger faktisk på vestkysten, men den ene er lidt mere østlig, da den er placeret på sydkysten. At navngive dem den nordlige og den sydlige ville give meget mere mening.

Bopladserne trivedes, og der var faktisk ret meget handel med både Island og Norge, da grønlænderne kunne levere luksusartikler som pels fra sæl, polarræv og isbjørn og elfenben fra hvalros.

Samtidigt var inuitterne begyndt at flytte sydpå, indtil de stod ansigt til ansigt med vikinger, og mødet ser ud til at have været fredeligt, og både varer og færdigheder er blevet udvekslet.

Problemet var dog, at de absolut ikke var selvforsynende, da Grønland ikke har nogen træer.

I slutningen af 980'erne forsøgte Bjarni Herjólfsson at komme til Grønland for at finde sin far og blev blæst ud af kurs.

Til sin forbløffelse fandt han noget, der ikke stemte overens med de beskrivelser, han havde hørt om Grønland.

Da det endelig lykkedes ham at finde den rette bosættelse i Grønland, kunne han fortælle, hvad han havde set længere mod vest: Træer så høje som bjerge og et meget frodigt klima.

Hans ord faldt ikke for døve ører, og de følgende år må der være foretaget nogle udforskningsekspeditioner, selvom de aldrig er blevet beskrevet.

I år 1000 drog sønnen og datteren af Eiríkur *"Rauði"* Þorvaldsson, Leifur *"Heppni"* Eiríksson og Freydís Eiríksdóttir, ud for at kolonisere det nye land, de havde kaldt Vinland, i den nuværende Saint Lawrence-bugt i Canada. De medbragte en følge på ca. 50 personer.

Spor af deres tilstedeværelse er stadig synlige i nutidens L'Anse aux Meadows.

I 1050 forsvandt vikingerne fra Vinland, og i ca. 1400 forsvandt de fra Grønland.

Der er bogstaveligt talt hundredvis af spekulationer og teorier, men sandheden er: Vi ved ikke hvorfor, i nogen af disse tilfælde.

En af de mere farverige teorier om, hvorfor vikingerne forlod Vinland, er, at de udviklede et rimeligt godt forhold til lokalbefolkningen (selv de kaldte dem *"Skrällinger"*; feje eller svage), men da de blev mere tætte, begik de den fejl at servere mælk for dem. Den oprindelige befolkning i Amerika er laktoseintolerante, og kan have troet, at vikingerne forsøgte at forgifte dem, og den følgende konflikt fik vikingerne til at flygte for deres liv.

Den lader vi lige stå et øjeblik…

Gæt på hvorfor de forsvandt fra Grønland er ofte mere seriøse.

En af dem er den simple kendsgerning, at etableringen af bosættelserne var i middelalderens varme periode, og deres forsvinden matcher den kolde periode (den såkaldte *"lille istid"*).

En anden teori er, at de mistede alle handelsforbindelser på grund af bedre og billigere elfenben fra Afrika, kombineret med pesten i Europa.

I den mere farverige ende af skalaen blev de massakreret af inuitterne eller taget som slaver af sørøvere fra Portugal.

I 1700-tallet var der en fornyet interesse for deres skæbne, og populære rygter antydede, at deres efterkommere levede isoleret et sted i Grønland. I 1721 tog den danske præst Hans

Egede til Grønland for at finde og genetablere de nordiske kolonier. Han fandt ingen overlevende fra de gamle kolonister, men han blev for at grundlægge sin egen bosættelse ved Godthåb (nu Nuuk).

Island, på den anden side, har været beboet uafbrudt siden den første vellykkede bosættelse, og takket være Landnámabók og Íslendingabók har vi navnene på hver og en registreret den dag i dag.

MYTOLOGI

ASER OG VANER – DE NORDISKE GUDER

Selvom vikingerne blev kristnet i midten af den historiske vikingetid, og blev overvejende ateistiske i moderne tid, eksisterer den nordiske religion (Asetro/forn siðr) stadig. Der er kun et meget lille antal aktive medlemmer, men navnene og historierne er en vital del af skandinavisk historie og hverdagskultur.

I Skandinavien kan du se Mjölnír og trólfigurer overalt, og mange steder er navngivet i jernalderen, som byen Odense, Lofoten og Uppsala og min yngste datters daginstitution Midgården.

Som barn troede jeg fuldt og fast på, at tordenen var Þórrs værk, og det samme gjorde mine børn.

Deres børn vil også komme til at tro det.

At betegne aserne og vanerne som *"guder"* er lidt forkert, da de er fysiske og dødelige væsener, selvom de har overnaturlige og magiske evner og lever i tusinder af år.

Aser, Vaner og jǫtunn (jætter) er ikke – som mange tror – forskellige racer eller arter, da de så ofte skifter side, eller får børn med hinanden.

På samme måde er det værd at nævne, at dværge og elvere er resultatet af dårlige oversættelser, da de begge er elvere i det oldnordiske sprog – sortelver og lyselver.

YGGDRASIL – VERDENSTRÆET

Verden består af verdenstræet, Yggdrasil, og i førmoderne tid, før lysforureningen, kunne man se trækronen på himlen om natten (som Mælkevejen).

Træet har ni rødder, der indeholder de ni verdener eller ni dimensioner.

Yggdrasil har ikke en fast størrelse og kan være lige så lille som et hvilket som helst normalt træ eller så stort som det kendte univers.

ÁSGARÐR

Ásgarðr (Asgård) er asernes land, hvor du finder mange store haller, inklusive den berømte Valhǫll (Valhalla).

Alle aserne har deres haller her.

Selv Freyja og Freyr, som ikke er Aser, men Vaner, bor her som en garanti for fred, efter den mægtige krig mellem Aser og Vaner.

Ordet *"garð"* kan oversættes til *"gård"*, *"gods"* eller endda *"land"*.

MIÐGARÐR

Miðgarðr er den verden, hvor mennesker lever. Den er rund, som en bold, og omkring den finder du Miðgarðsormr (Midgårdsormen), der bider sin egen hale for at skabe en perfekt cirkel.

Alt, der er rundt, kan på en eller anden måde repræsentere Miðgarðr, uanset om det er en cirkel eller en bold.

ÚTGARÐAR OG JOTUNHEIMR

Jǫtunn – Jætterne (*"Kæmperne"*) – bor i Jǫtunheimr, de fleste af dem inde i den store fæstning Útgarðar (Udgård). Stedet er enormt, og det er jǫtunn også.

De har magiske kræfter, og de er formskiftere, så du kan møde en, der er meget lille og smuk, fordi de snyder dig.

Jǫtunn er onde, snæversynede og smålige; de har ingen moralske dyder.

Jǫtunn besøger næsten aldrig Miðgarðr, men de forsøger konstant at komme ind i Ásgarðr, fordi de vil have det, aserne har.

TRÓL

Tról (trolle) er en slags jǫtunn, der er forvist fra Jǫtunheimr, og bor i Miðgarðr. De søger ensomhed og kan være farlige, hvis de bliver forstyrret.

SVARTALFHEIMR

Sortelverne (også kendt som dværge) er små, grimme og intolerante over for dagslys, men de er fantastiske håndværkere, og de kan tilføje magiske egenskaber til de ting, de laver, såsom våben og smykker.

Svartalfheimr (bogstaveligt talt *"Sortelvernes hjem"*) er en hel verden inde i et bjerg.

ÁLFHEIMR

Lyselvernes hjem.

Lyselverne er beslægtede, men på en eller anden måde modsætninger til sortelverne.

De er gode og blide, og besidder magiske kræfter, der skaber symbiose i naturen.

De introduceres aldrig individuelt, så selvom nogle mennesker tror, de er lig med aser og vaner, kender vi ingen navne eller personligheder.

For at øge forvirringen bliver Freyrs hjem i Ásgarðr(?) nogle gange nævnt som Álfheimr.

BIFRÖST

Bifröst er den usynlige bro, der forbinder de ni verdener. Det vil være synligt, når regnen efterfølges af solskin, som regnbuen. Kun aser og vaner kan benytte broen, og i den ene ende af broen, i Ásgarðr, står Heimdallr vagt for at sikre, at ingen kommer ind uden tilladelse.

GIMLE

Ligesom den kristne og muslimske himmel er Gimle den verden, hvor alle gode mennesker og aser vil blive budt velkommen efter Ragnarǫk.

Det er et sted med fred og ro.

ULVEN FENRISÚLFR

Ligesom Miðgarðsormr er Fenrisúlfr et af Lokis bizarre afkom.

En sød lille ulvehvalp, forgudet af aserne.

Men han holdt ikke op med at vokse og blev en monstrøsitet, der ødelagde alt på sin vej.

Aserne forsøgte at binde ham med større og større lænker og præsenterede det for Fenrisúlfr som en udfordring. Han knækkede dem alle.

Til sidst fik de sortelverne til at skabe en kæden Gleipnir af magiske ting, meget tynd og fin.

Fenrisúlfr forstod, at han blev narret, og ville kun teste den, hvis Týr ville holde en arm i hans mund. Da han indså, at han ikke kunne slippe fri fra Gleipnir, bed han Týrs arm af.

VANAHEIMR

Det er her vanerne bor, den anden gruppe af guddomme, forbundet med visdom og evnen til at se fremtiden. Vi ved intet om dem, før vi møder dem i Gimle efter Ragnarǫk, bortset fra Njörðr, Freyja og Freyr, der bor i Ásgarðr og har åbenbaret sig.

NORNER

Nornerne spinder skæbnens tråde ved foden af Yggdrasil, verdens træ. Trådene repræsenterer liv, og længden af den enkelte tråd bestemmer længden af en persons liv.

Du kan stadig høre nogen, ved en begravelse i Skandinavien, sige *"Hans tråd var ikke længere end dette"*.

NISSE

En Nisse er et overnaturligt væsen, der bor på hver eneste gård. De kan være nyttige eller irriterende, alt efter hvordan du behandler dem.

De er små, ofte beskrevet som omkring 40 cm, gemmer sig så godt de kan, og hader at blive opdaget af mennesker.

FÓLKVANGR, VALHOLL OG HELHEIMR – EFTERLIVET

I moderne populærkultur er det almindeligt at høre vikinger længes efter at komme til Valhǫll, næsten som det ultimative paradis.

Det er en misforståelse.

De bedste og mest modige krigere vil blive håndplukket af Freyja til Fólkvangr.

Resten af dem skal til Valhǫll.

De, der levede og døde ubetydelige, vil ofte tage til Helheimr, et mørkt og kedeligt sted, hvor der ikke sker noget (ikke at forveksle med Helvede, hvor man bliver straffet og brændt. Det er en anden religion).

Nogle sagaer fortæller endda om Niflheim, hvor alt er frosset.

Men der er en række andre steder, mennesker kan tage hen i efterlivet, inklusive Gefions hjem, der er et fristed for jomfruer.

Disse steder er dog midlertidige, da de alle vil forsvinde i Ragnarǫk.

Efter Ragnarǫk vil de gode Aser og mennesker blive budt velkommen i Gimle.

RAGNAROK

Ragnarǫk starter med Baldrs død.

Ulvene, der har jaget solen og månen siden tidernes begyndelse, vil endelig fange og sluge dem.

Fimbulvintr følger efter, hvor verden fryser til.

Broen Bifröst vil falde fra hinanden, og ulven Fenrisúlfr vil bryde sig fri.

Miðgarðsormr vil vride og vende sig, og havene vil oversvømme Miðgarðr.

Alle de forskellige aser og vaner, og krigerne fra Fólkvangr og Valhǫll, som har øvet sig til dette hver dag, vil møde jǫtunn, ulven Fenrisúlfr og Miðgarðsormr i et sidste slag.

Alle dør i kampen, og verden går ned i flammer.

Stilhed og mørke følger.

Som en daggry vil den store sal Gimle rejse sig af intetheden og byde velkommen til alle, der har været gode.

ÓÐINN

Óðinn (*"Odin"*, *"Oden"* eller *"Woden"*) er den vigtigste ase ifølge de fleste traditioner.

Han er på en eller anden måde ophavsmanden til alle de andre aser og omtales derfor nogle gange som *"Alfaderen"*.

Andre kaldenavne er *"Den Høje"* og *"Den enøjede"*.

Ifølge legender gav han et af sine øjne til Mímir som betaling for at drikke af visdommens brønd, som Mímir vogter.

Andre variationer fortæller, at han efterlod sit øje i brønden som en måde at se visdommen på afstand.

Óðinn har to ravne – Hugin og Munin – der vil flyve ud i verden for at spionere for ham. Hvis du ser en ravn, er der en rimelig chance for, at Alfaderen holder øje med dig.

Han ejer også Sleipner, en ottebenet hest, der kan løbe meget hurtigt på land, til vands og endda i luften.

Hans vigtigste ejendom kan være hans magiske spyd Gungner.

Óðinn søger visdom for enhver pris – også på din bekostning hvis det er nødvendigt.

Óðinn har mere end 200 forskellige kaldenavne, deriblandt Julfadern.

Han ofrede engang sig selv (til sig selv, på en eller anden måde) ved at hænge sig selv fra et træ i ni dage. Af den grund er han (blandt mange andre ting) ase for de hængte og for selvmordere.

Han er også ase for *"skjalde"* (poesi og musik) og for visdom og lærdom.

Óðinn er far til Baldr og Þórr.

Han er gift med Frigg i nogle traditioner og Freyja i andre.

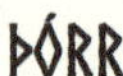

ÞÓRR

Þórr (*"Thor"* eller *"Tor"*) er ase for mennesker og søn af Óðinn.

I nogle traditioner er han den vigtigste ase, som Adam af Bremen beskrev den enorme statue af Þórr, midt på scenen, i templet i Uppsala, flankeret af to mindre statuer af Óðinn og Freyr.

Þórrs vigtigste ejendel er uden tvivl hans magiske krigshammer, der aldrig vil gå glip af et mål og vil vende tilbage til hans hånd efter at være blevet kastet.

Hammerens navn er Mjölnír (eller *"Mjølner"*) og bruges af mange hedninger i halskæder, på nogenlunde samme måde som kristne bruger korset; til beskyttelse og identifikation.

Þórr bruger hovedsageligt hammeren til at dræbe jotunn, og holde Ásgarðr sikker.

Sammen med Óðinn og Týr er han en af aserne for krig, forsvar og beskyttelse, men for mennesker har han mange roller og funktioner.

Þórr kan til tider være noget af et fjols, og mange historier handler om hans tåbelige fejltrin og pinlige situationer.

Ifølge nogle historikere er Þórr en ret sen tilføjelse til asatroen, da han tilsyneladende var ukendt i bronzealderen.

FREYJA

Kærligheden og døden er de to vigtigste interesseområder for denne smukke unge og uendeligt attraktive Vane.

Eller er hun det?

Sortelverne lavede den magiske halskæde Brisingamén
til hende, der vil få alle til at se hende som uimodståelig
attråværdig.

Hun bor i sin borg Fólkvangr, hvor hun har en hær af magi-
ske kvindelige krigere kaldet Valkyrier.

Efter et slag i Miðgarðr vil valkyrierne flyve ned til slagmar-
ken og aflive de døende krigere og bringe alle de døde til
Freyja, som vil vælge og vrage.

Det bedste og modigste vil hun selvfølgelig beholde for sig
selv, andre helte bliver sendt til Valhǫll, og resten sendes til
Hel.

Hun har en vogn trukket af to enorme katte, men i krig vil
hun ride på sit vildsvin Hildisvíni.

Freyja er en af de vaner, der bor i Ásgarðr.

Hun er datter af Njörðr og bror til Freyr.

Hun er gift med Od i nogle traditioner og Óðinn i andre.

Især Freyja blev særligt hårdt kritiseret af de kristne missio-
nærer og præster, da vikingerne blev kristne, da hun repræ-
senterer dyder som kvindelig lyst og udeneomsægteskabelig
sex.

FREYR

Freyr er en Vane, søn af Njörðr og bror til Freyja.

I meget gamle traditioner er han både bror og mand til
Freyja, som det var sædvane blandt vanerne.

Overlappende traditioner hævder, at de var gift, men tvunget
til at skilles, da de blev sendt til Ásgarðr som gidsler efter den

store ase-vane-krig. Bror-søster-ægteskab er ikke acceptabelt i Ásgarðr eller Miðgarðr.

Freyr er nogle gange forbundet med landbrug, og ofringer (blót) til Freyr kunne sikre en vellykket høst.

TÝR

Týr er en krigerase sammen med Óðinn og Þórr.

"T"-runen (ᛏ) er ofte forbundet med ham og bruges til at sikre sejren.

Desværre bruger nogle meget vildledte nynazister i Skandinavien også hans rune som deres logo.

Det er ikke første gang, vikinger er blevet brugt i forbindelse med racisme, hvilket er mærkeligt, når man forstår vikingehistorien.

(Du kan leve et meget lykkeligt liv uden at have den mindste anelse om historien, men du kan give resten af os en alvorlig migræne!)

FRIGG

Óðinns kone, ifølge nogle traditioner.

Yderst klog, men (derfor?) altid tavs.

I andre traditioner er Freyja Óðinns kone, og en tredje tradition hævder, at Frigg og Freyja er den samme.

På engelsk er fredag (*"Friday"*) opkaldt efter Frigg, i Skandinavien er fredag opkaldt efter Freyja.

HEIMDALLR

En frygtelig kriger og en standhaftig vagt af Ásgarðr. Han holder øje med broen Bifröst uden pauser, og vil blæse i sit enorme horn – Gjallerhorn – når fjenden nærmer sig.

MÍMIR

Mímir er vogteren af visdommens brønd.

Efter den store krig mellem aserne og vanerne blev Mímir halshugget, og hovedet blev sendt til aserne. Óðinn smurte hovedet med magiske urter og holdt dermed hovedet i live, hvor det nu står i hans kammer som rådgiver.

IÐUNN

Iðunn administrerer de magiske æbler, der giver aserne evig ungdom og liv.

NJÖRÐR

Njörðr er Vane, men bor i Ásgarðr.

Sammen med sine børn, Freyja og Freyr, flyttede han dertil i en gidseludveksling for at afslutte krigen mellem Aser og Vaner.

Njörðr er en ase for vejret, havet, fiskere og sejlende købmænd.

SKAÐI

Skaði er en jǫtunn prinsesse, der tog til Ásgarðr for at gifte sig med den smukkeste af alle ase-mændene – Baldr.

Hun måtte kun se på deres fødder, da hun valgte, så ved en fejl valgte hun Njörðr, som bor ved havet og står med fødderne i vandet det meste af dagen.

Han længtes efter havet, og hun længtes efter bjergene, og efter et stykke tid blev de skilt.

Skaði bor nu i bjergene, hvor hun jager med bue og pil, og ønsker ikke at blive forstyrret.

GEFION

Gefion og Óðinn talte med danernes konge. Han boede på øen Fyn, og til ære for Óðinn gav han sin by navnet Oðense.

Taknemmelig for dette ville Óðinn give ham mere jord.

Gefion besøgte kongen af Svealand (nuværende Midtsverige), ved navn Gylfe, og gav ham en stor formue i guld til gengæld for land.

Han sagde, at hun kunne få al den jord, hun kunne skære ud med en plov på en dag og en nat.

Han vidste ikke, at hun var en asynja, og med fire magiske okser foran en stor plov tog hun så meget land, at hun kunne skabe øen Sjælland i Danmark.

Landet, hun fjernede fra Svea-riget, blev erstattet af en sø; Mälaren, omkring øen Birka (hovedstaden i Svea-kongeriget, tæt på det nuværende Stockholm).

I andre udgaver af historien bliver det land, hun fjerner, til søerne Vättern og Vänern.

Gefion er jomfru og vil tage sig af alle menneskelige kvinder, der dør som jomfru, i efterlivet.

BALDR

Baldr er søn af Óðinn.

Baldr er god. Han er klog, lys, smuk, og ingen kan sige et ondt ord om ham.

Aserne er alle enige om, at så længe de har Baldr, vil alt være okay.

For at holde ham sikker indgår hans mor (Frigg eller Freyja) en aftale med alt i verden om ikke at skade Baldr.

"Alt?" spørger Loki.

Og hun indrømmer ikke at have en aftale med misteltenen, da den også er forbundet med kærlighed og skønhed.

Da aserne tester Baldrs udødelighed ved at skyde pile mod ham, laver Loki en pil af mistelten og narrer den blinde Höder til at skyde den mod Baldr.

Baldr dør, og dette er begyndelsen på Ragnarøk.

NYHEDENSKAB

Skandinavien er nyhedenskab genoplivningen af forn siðr (*"de gamle sæder"*).

Det er med andre ord ønsket om at forholde sig til Óðinn, Þórr, Freyr, osv., og naturens kræfter. Husk: Ikke *"tro på"*, men *"forholde sig til"*! Der er en kæmpe forskel der.

Det er muligt at tænke på aserne og vanerne som overnaturlige væsener, men mindst lige så almindeligt at se dem symbolsk eller som metaforer af en eller anden art.

Det praktiseres på mange forskellige måder, men der lægges ofte vægt på moderne prioriteter, som naturbevarelse, kvinders rettigheder (i modsætning til kristendom, islam og hinduisme) og personlig frihed.

Naturkræfterne har naturligvis været meget vigtige i bronzealderen og jernalderen, men mere i forhold til at producere afgrøder end naturbeskyttelse, så der er én opdatering.

En anden opdatering er ideen om, at aser og vaner besidder moralske dyder, hvilket ikke nødvendigvis var opfattelsen for tusind år siden.

Kvinders rettigheder var nok ikke et emne i jernalderen, og det var et meget patriarkalsk samfund, men kvinder havde stillinger og blev respekteret meget mere end i det middelalderlige kristne samfund, der fulgte, så det er også en omformulering og opdatering.

Ud fra sagaer og arkæologiske fund forsøger udøvere at etablere riter så tæt på, hvordan de kan være blevet udført for tusind år siden, og det er den svære del, da beskrivelser af riter er ekstremt sparsomme (som i: Ikke-eksisterende).

I Skandinavien er nogle hedenske ritualer og overbevisninger aldrig blevet udryddet af kristendommen, af den simple grund, at de monoteistiske religioner ikke har noget at byde på i forhold til praktiske spørgsmål om landbrug og menneskelige relationer.

Bibelen og Koranen fortæller mig ikke, hvornår jeg skal så og hvornår jeg skal høste, hvordan jeg skal behandle en infektion eller håndtere infertilitet.

Tværtimod kæmpede den tidlige kristendom for at erstatte medicin, naturens redskaber, rådgivning og åbensindede tilgange med fromhed og bøn.

Nyhedenskab, ligesom de fleste andre former for moderne spiritualitet og *"new age"* kan ses som en erstatning for de etablerede religioner, der ikke kan rumme modernitet, videnskab og globalisering.

Tankegangen er, at *"bog-religioner"* var en midlertidig påvirkning, der ikke modstod tidens tand.

For *"In nyí siðr"* (*"den nye vej"* – kristendommen) var det naturligvis enormt gavnligt at have skriftlige retningslinjer, og den intereuropæiske ensartethed, det skabte, men det var også dens undergang, da Bibelen ikke bliver opdateret regelmæssigt, hvilket er nødvendigt for at overleve.

Kristendommens succes, i det antikke romerrige såvel som i middelalderens Skandinavien, var naturligvis den moralske vejledning til social lighed, især i forhold til efterlivet, hvor en troende kunne komme ind i det himmelske rige uden værdifulde gravgaver og midlerne til at betale for et dyrt begravelsesritual.

Disse fordele er blevet integreret i nyhedenskab.

I mellemtiden forsøger folkekirken i de skandinaviske lande desperat at indhente det forsømte, med regnbueflag til at signalere inklusion, på trods af påstanden om, at de er baseret på Bibelen. Hm... Bibelen siger klart, at homoseksuelle mænd skal stenes til døde.

Det er som at lave en maskine med en manual, opdatere maskinen, men ikke manualen. Det skaber forvirring.

Forestil dig, at Jesus siger *"I har brugt den samme bog i 1.500 år? I laver fanme sjov med mig???"*

Det er måske svært at forestille sig, at Jesus siger det.

Så meget lettere at forestille sig, at Óðinn er så ligefrem.

Og det kan bare være tiltrækningen ved nyhedenskab.

Du kan læse mere på fornsidr.dk.

KRISTEN MYTOLOGI, HISTORIE OG PRAKSIS

Kristendommen opstod omkring 50 f.Kr., som et udspring af den monoteistiske jødiske tro under Romerrigets besættelse af Palæstina, faktisk som et oprør mod religiøse autoriteter – men underligt nok ikke mod romerne.

Omkring 80 år senere naglet til en tømrer ved navn Jesus, selvom han formodentlig er en sammensat karakter, som så mange andre i mundtlige overleveringer.

Ifølge mytologien fik hans fødsel megen opmærksomhed, hvorefter der ikke skete noget i omkring 30 år, indtil han offentligt åbenbarede sig selv som Guds søn, taler imod religiøse ledere og har magiske kræfter.

Denne *"blasfemi"* fik de religiøse myndigheder til at anmode romerne om at henrette ham.

Det blev han, men forgæves, da han formåede at rejse sig fra graven og give nogle sidste vejledning til sine tilhængere, inden han steg op til himlen.

De efterfølgende år fik hans doktrin et stigende antal tilhængere, og hans livshistorie blev beskrevet, i dele eller helhed, i omkring 40 såkaldte evangelier.

Kristendommen var som nævnt et løfte til fattige mennesker om efterlivets frelse, som i ældre religioner var en luksus forbeholdt de rige og frie (ikke-slaver).

Dette gjorde kristendommen meget populær, og på trods af ekstremt voldsom forfølgelse blev antallet af tilhængere ved med at stige.

Jesus Kristus var faktisk den næstvigtigste person i kristendommen, da den egentlige hovedperson er Sankt Peter, som formåede at navigere i det ultra komplekse politiske, sociale og religiøse klima i det smuldrende Romerrige og opnå et enormt antal tilhængere, på trods af af forfølgelsen fra mere konservative magter.

Det skete mere eller mindre samtidig med, at Romerriget blev opdelt i den vestlige og østlige del, og den vestlige dels efterfølgende opløsning.

I ca. 330 holdt den østromerske – byzantinske – kejser Constantin et koncil, hvor dele af de jødiske skrifter og 4 ud af de 40 historier om Jesus blev samlet og redigeret, til skabelsen af Bibelen.

Dette strømlinede kristendommen noget, da der var modstridende opfattelser af Jesu guddommelighed, handlinger og ord, både i menigheder og skrifter.

Det byzantinske rige blev officielt kristent, og fra Konstantinopel spredte kristendommen sig som en steppebrand i alle retninger.

En splittelse opstod, og to udgaver kom til at dominere henholdsvis Øst- og Vesteuropa. Fra Konstantinopel den ortodokse kristendom og fra Rom den katolske kristendom, men budskabet var grundlæggende det samme: Gennem bøn, fromhed og underkastelse til Gud – som også er Jesus – kan alle opnå en plads i Himlen.

Patriarken i den ortodokse kirke og paven i den katolske kirke blev uhyre magtfulde, og gennem deres stedfortrædere (biskopper) underminerede deres indflydelse alle europæiske rigers regentskab.

Resultatet var ensartethed i Europa og gav anledning til ret store imperier.

Desværre straffedes også al tøven over for kirkens lære og magt hensynsløst, hele vejen fra konger og herskere til den lokale Völve, der fiksede kødsår med urter.

Den kristne doktrin lærer ydmyghed over for Gud (og religiøse autoriteter), afskaffelse af alle andre guddomme, og bøn som det eneste middel til at løse problemer – uanset om det er politiske, moralske, mentale eller fysiske.

I stigende grad begyndte folk at se alt som en del af Guds guddommelige plan, og alle problemer som en straf for deres synder.

Synder i den kristne terminologi er ulydighed mod Guds plan: Sex før ægteskabet, kvinder, der håndterede hellige skrifter, medicinsk behandling, ulydighed mod politiske og religiøse myndigheder og mange andre ting var på listen over *"synder"* i den middelalderlige kristne kirke.

I Skandinavien kom kristendommen som en lidt udvandet udgave.

Omkring 850 gav den danske kong Hrorikr missionæren Ansgar tilladelse til at bygge kirker i handelsbyerne Heiðabýr og Ribe, men de første tegn på kristendommen kan have været så tidligt som 150 år før det.

Den sidste kendte blótfestival var i Sverige omkring 1350.

Det er 650 års overgang.

I overgangsperioden blandede mange trosretningerne og traditionerne, og disse blandinger er stadig synlige i Skandinavien.

Uden tvivl så nogle vikinger *"Inn nýi siðr"* (*"de nye måder"* – kristendommen) og *"Hvítakristr"* (*"Hvide Kristus"*) som noget tiltalende, spændende og eksotisk, på samme måde som nogle europæere ser visse asiatiske religioner nu.

For mange vikinger – især magtfulde folk – var konverteringen til kristendommen et taktisk eller politisk træk, mere end faktisk at ændre tro – og også let: Den tro, de hævdede at forlade, havde ingen autoriteter eller straf for at takke af.

Det er klart, at de ikke havde det samme behov for forandring, som mange andre på kontinentet, eftersom Forn Siðr var mindre undertrykkende end mange hedenske religioner i Sydeuropa.

I 1530'erne blev Skandinavien reformeret til den lutherske kirke og skiltes fra den katolske kirke i Rom.

Den generelle ideologi inden for moderne kristendom er, at så længe du er ydmyg over for Gud og beder om tilgivelse, kan du slippe af sted med næsten alt.

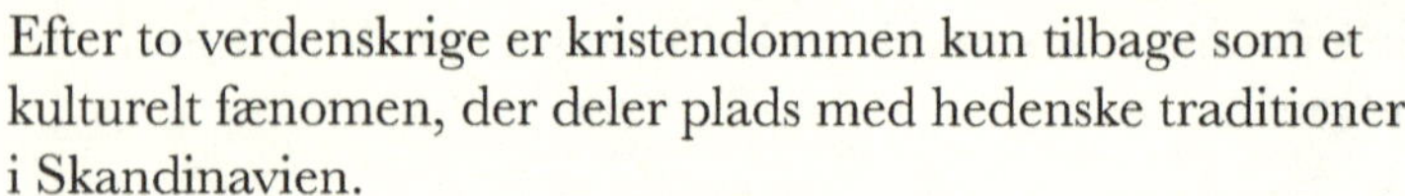

Efter to verdenskrige er kristendommen kun tilbage som et kulturelt fænomen, der deler plads med hedenske traditioner i Skandinavien.

Nu i Skandinavien fejres påsken som fridage, midsommer-solhverv fejres som en hedensk højtid, og den 24. december fejrer vi jul, der er blevet en blandet kristen-hedensk fest. Om aftenen spiser vi et usundt måltid med flæskesteg, og børnene åbner gaver. Huset er indrettet med nisser, gran og frugt.

Omkring halvdelen af alle børn bliver døbt i kirken, hovedsageligt af traditionelle årsager, ligesom 30 procent af alle ægteskaber velsignes i kirken, og næsten alle begravelser foregår i kirken.

Der er ikke brugt meget energi på at skabe alternativer til kirkebegravelser, men flere og flere bliver opmærksomme på andre muligheder.

Det opsummerer næsten hele vores forhold til kirken.

Alle de skandinaviske folkekirker er lutherske, men der er synlige tegn på indflydelse fra øst og vest. I Sverige er kirken åben hele dagen, og folk kan gå ind fra gaden og tænde stearinlys. Selv arkitekturen i mange svenske kirker har hints til de ortodokse traditioner fra Kievan Rus. I Danmark og Norge er indflydelsen synligt mere vestlig, og kirkerne er lukket, når der ikke er gudstjeneste.

I Norge er det stadig muligt at finde stavkirker, der er bygget i den traditionelle arkitektur fra hedenske templer.

JØDER I JERNALDEREN

Efterhånden som de muslimske imperier voksede i slutningen af 700-tallet, samtidig med kristne kongeriger, blev jøder en meget vigtig gruppe af mellemmænd.

For det første havde de ingen del i interessekonflikten, for det andet havde de ingen regler om håndtering af penge, hvilket er problematisk i islam, da gebyrer og renter er ulovlige (*"haram"*).

Så de fik rollen som bankfolk, kurerer og diplomatiske udsendinge.

Dette gjorde til gengæld nogle jøder utroligt rige, velrejste og velinformerede.

For det abbaside kalifat og Al-Andalus var jøderne helt uundværlige.

Det er værd at huske på, at jøder ikke kun er en religiøs gruppe, men også en etnisk gruppe, der ca. 500 år tidligere var blevet drevet ud af deres land, og havde på dette tidspunkt ingen ambitioner om at vende tilbage.

De anti-jødiske følelser lå stadig et par hundrede år ude i fremtiden.

Jødiske købmænd har besøgt Heiðabýr og senere Slesvig ved talrige lejligheder og har også stiftet bekendtskab med vikinger i Al-Andalus.

Ibrahim Ibn Yacqub Al-Tartushi, der besøgte vikingerne i det sydlige Danmark på vegne af Al-Andalus, var faktisk jøde.

SERKLAND — MUSLIMERNE I JERNALDEREN

Islam var den nye dreng i klassen, men et ekstremt hurtigt voksende barn.

I profeten Muhammeds egen levetid kom store områder under muslimsk kontrol, og efter hans død i 632 e.Kr. spredte muslimske kalifater sig over hele den arabiske halvø, Mellemøsten, Nordafrika og det nuværende Spanien.

Islam er en kristen sekt, på mange måder, der giver det samme løfte om en plads i himlen, selv for de fattige og slaverne.

Islam lægger vægt på strenge regler om al slags adfærd, hvordan man klæder sig, hvornår man skal bede, hvad man skal spise og hygiejne. Ingen af disse regler er i strid med kristendommen som sådan, og i en kort periode var der fredelig sameksistens.

Faktisk konverterede mange mennesker i Mellemøsten til islam, da det på mange måder var mere *"afslappet"* end middelalderkristendommen, der havde endnu flere regler, hårdere kvindehad og adskillige lange perioder med faste.

Det, der fik kristne og muslimer til at krydse sværd, var territoriale ambitioner.

Dette blev den primære opgave for den Varangiske garde i det byzantinske imperium, og det blev også afslutningen på garden, da Konstantinopel faldt til de muslimske osmannere i 1453.

Kievan Rus delte dele af dens sydlige grænse med det abbaside kalifat og i en kort periode med Samanid-riget, men der er ingen tekster om, hvordan det gik.

Al-Andalus, i Spanien, blev erobret af kristne i 1492, og dermed ophørte den religiøse tolerance. Hedninger, muslimer og jøder blev tvangskonverteret, drevet ud eller dræbt, og fra Spanien spredte en nultolerancepolitik sig til resten af Europa.

Selv de muslimer, der frivilligt havde konverteret til kristendommen, blev senere drevet ud eller dræbt.

Årene med sindssyg paranoia var begyndt, med den spanske inkvisition, heksejagter og de sydgående korstog.

Vikingerne deltog ikke i disse korstog til *"det hellige land"*, men det renvasker dem bestemt ikke; da de blev kristne et par århundrede tidligere, opfandt vikingerne faktisk korstog.

ENCYKLOPÆDI

-datter

Datter på dansk og norsk i patronymer.

-dotter

Datter på svensk.

-dottír

Datter på islandsk.

-r

Tillagt et navn for at gøre det maskulin.

-sen

Søn på dansk og norsk i patronymer.

-sson

Søn på svensk og islandsk.

Abbaside Kalifat

Rige der dækkede hele den arabiske halvø, nordlige Egypten, Irak og sydlige Tyrkiet 750–1258 og 1261–1517.

Adam af Bremen

1040–1081

En missionær der rejste i Skandinavien og beskrev livsstil og religion, som gæst ved Svend Estridsens hof. Mange af hans beskrivelser er baseret på rygter fra præster og andre missionærer, og en del er ren fiktion.

Ahmad Ibn Fadlan

879–960

En diplomat fra Abbaside Kalifatet til Volga området, hvor han beskriver mødet med Rus vikinger med en vidunderligt blanding af fascination og rædsel.

Al-Andalus

Den islamiske stat der dækkede den Iberiske halvø (nuværende Spanien og Portugal) 711-1492.

Álfheimr

Hvor lyselverne bor.

Alþing

Parlament. Se også Þing.

Anders Lundt Hansen

Historiker, forfatter og foredragsholder. En af Danmarks førende eksperter i jern- og middelalderens Skandinavien.

Angrboða

En jǫtunnkvinde og midlertidig partner til Loke. Med Loke får hun børnene Fenrisúlfr, Hel og Jǫrmungandr.

Annales Bertiniani

Sankt Bertins annaler. Årlige rapporter om vikingeangreb på karolingiske klostre og episkopale byer i Frankerriget 830–882.

Asatro/Asetro/Æsirtrú

Moderne skandinavisk navn for den pre-kristne tro i Skandinavien; Forn Siðr.

Aser/Æsir

En gruppe af magiske væsener i den nordiske mytologi. Hovedpersonerne, kan man sige. Dødelige men har magiske evner, og kan leve i tusindvis af år. Oldnordisk: áss el. ǫss, plur. æsir, femin. ásynja.

Ásbrú

Andet navn for asernes bro, Bifrost.

Ásgarðr

Asgård, asernes land/dimension, hvor man finder Valhǫll og Fólkvangr (m.m.)

Askr & Embla

De første to mennesker.

Ásynja

Kvindelig ase

Babylon

Antik by ved den lavere Eufrat flod i dagens Irak. I jernalderen hovedstad i Abbaside Kalifatet og en vigtig handelsdestination for Rus vikinger. Byen blev opgivet i 1200-tallet.

Baghdad

Hovedstad i Irak og den arabiske verdens næststørste by efter Cairo. Ligesom Babylon en vigtig handelsdestination for Rus vikinger i jernalderen.

Baldr

Baldr er søn af Óðinn. Baldr er god. Vis, lysende, smuk, og ingen kan sige et dårligt ord om Baldr. Når Baldr dør starter Ragnarǫk.

Beowolf

Gammelt engelsk episk digt bestående af 3.182 alliterative linjer. Det er et af de vigtigste og oftest oversatte værker i oldengelsk litteratur. Den eneste sikre datering er for manuskriptet, som blev fremstillet mellem 975 og 1025.

Berserkir

Beserker. Bogstaveligt talt *"bjørne-skjorte"* men kan betyde
angriber (mere-eller-mindre) nøgen. Kendt for at være
særligt skræmmende da de viste frygtløs vrede uden for
kontrol. I virkeligheden har beserker nok nærmere haft
samme funktion som heppekorsledere end faktisk haft en
praktisk funktion på slagmarken.

Bifröst

Den magiske og usynlige bro der forbinder de forskellige
verdener i Yggdrasil, som Ásgarðr, Jǫtunheimr og Mið-
garðr. Kun aserne kan bruge broen. Den er svagt synlig
når sol følger efter regn (regnbuen).

Birka

Beliggende på Björkö i Mälaren, tæt på dagens Stockholm,
et vigtig jernalder handelscentrum, hvor der blev hand-
let varer fra hele Skandinavien, såvel som mange steder i
Europa og mellemøsten.

Bjarni Herjólfsson

?–?

Handelskaptajn, hjemmehørende i Norge, som besøgte
sin far hver sommer i Island. I 986 ankom han til Island,
og forstod at hans far var rejst til Grønland med Eiríkur
"Rauði" Þorvaldsson. I forsøget på at finde Grønland blev
han blæst ud af kurs, og landede på den canadiske kyst.
Han blev ikke for at udforske, men skyndte sig til Grøn-
land, hvor han fortalte om sin opdagelse. Leifur Eiríksson
og hans søster Freydís Eiríksdóttir valgte at sammensætte
en koloniserende ekspedition 14 år senere. Det er uvist,
hvor mange ekspeditioner, der er gennemført før bosættel-
sen i år 1000.

Björn Járnsíða

Der er modstridende historier om hans oprindelse, da han nævnes som konge af både områder i Sverige og Danmark. Nogle vage omtaler af plyndring langs Seinen, men historien bliver mere præcis, når hans eventyr i Middelhavet beskrives. Han kom med 60 skibe og plyndrede sig vej langs Al Andalus' kyster, det sydlige Frankrig, Sicilien og Nordafrika. Kampe og hårdt vejr fik ham til at vende tilbage til Frankia med kun 20 skibe.

Blodørn

Ifølge nogle historier er det henrettelsesmetoden, hvor man skærer gennem huden og kødet langs rygsøjlen med en kniv, adskiller ribbenene fra rygsøjlen med en økse, trækker ribbenene fra hinanden og spreder lungerne ud, så de ligner ørnevinger, mens personen er stadig i live. Dette er omstridt, da andre kilder hævder, at blodørn simpelthen betyder, at man efterlader de døde med ansigtet nedad på slagmarken og lader ådselæderfugle æde sig gennem ryggen.

Blót

Religiøst ritual eller ofring.

Blótgydje

Et andet ord for Völve.

Borre

Vigtig by i jernalderens Norge.

Brattalið

Gård og handelsstation bygget af Eiríkur *"Rauði"* Þorvaldsson i Grønland.

Brísingamen

Den magiske halskæde som gør Freyja uimodståelig for
alle. Den er smedet af fire sortelvere og hun var nødt til at
tilbringe en nat med hver af dem for at få halskæden.

Byzans

Et andet navn for Konstantinopel/Miklagarðr. Nu Istan-
bul.

Byzantinske Rige

Også kendt som det østromerske imperium, fortsættelsen
af det romerske imperium primært i dets østlige provinser
under senantikken og middelalderen, hvor hovedstaden var
Konstantinopel.

Carl Emil Doepler

1824–1905
Scenografen der fandt på horn i hjelmen til den første
Bayreuther Festival-produktion af Wagners *"Der Ring des
Nibelungen"*, i 1876, og startede dermed den populære myte
om, at vikingekrigere bar hjelme med horn.

Karolingiske

Et andet navn for det Hellige Romerske Rige.

Cat Jarman

Norsk/Engelsk bioarkæolog og forfatter med speciale i
Vikinger. Seniorrådgiver for akademisk indholdsudvikling
for det nye museum for vikingetiden, Oslo Universitet.

Danegæld

"Beskyttelsespenge". At betale Danere for ikke at blive massa-
kreret af dem.

Danelagen

Daneloven, også kendt som Danelagh.
Det område hvor danernes lov gjaldt, i England.

Danere

Jernalderens folk i Danmark, Norge og Sydsverige.

Dannevirke

30 km lang forsvarslinje i det sydlige Jylland, ved en gammel grænse mellem Danmark og Det Hellige Romerske Rige. Den største del er 3 km lang, 3 meter bred og 3 meter høj; lavet af 20 millioner sten.

Dublin

Hovedstaden i Irland, etableret som et vigtigt vikingeslavehandelscenter under jernalderen, skønt beboet siden stenalderen.

Dvergr

Dværge (mytologisk). Et andet ord for Svartálfr (sortelvere).

Dökkálfar

Mørkelvere. Et andet ord for Sortelvere.

Einherjar

De som dør i slag, og bliver bragt til Fólkvangr eller Valhǫll af Valkyrja.

Eiríkur *"Rauði"* Þorvaldsson

950–1003
Erik *"den røde"* Þorvaldsson. Opdagede og bosatte sig i det sydlige Grønland. Far til Leifur *"Heppni"* Eiríksson og Freydís Eiríksdóttir. Kaldenavnet *"Rauði"* (rød) er uforklaret, men kan henvise til hårfarve eller temperament.

Erik af Pommern

1382–1459

Søstersøn til Margrete Valdemarsdatter, officielt konge af alle skandinaviske lande 1389–1442, mens alle beslutninger blev truffet af hans moster indtil hendes død i 1412. Efter statskup i alle landene i 1439 slog han sig ned på Visby slot på Gotland, hvorfra han beskæftigede sig med pirateri. Fra 1449 til 1459 regerede han som greve af Pommern. Kong Eriks måske mest vidtgående handling var indførelsen af Øresundtolden i 1429, som varede indtil 1857. Den bestod i, at alle skibe, der sejlede ind i eller ud af Østersøen fra Atlanterhavet, skulle betale sundtold.

Erik den røde

Se Eiríkur *"Rauði"* Þorvaldsson.

Eske Willerslev

Dansk evolutionær genetiker kendt for sit banebrydende arbejde inden for molekylær antropologi, palæontologi og økologi ved University of Cambridge. Kort sagt: Han ved alt om DNA! (Hans tvillingebror Rane Willerslev er direktør for Nationalmuseet)

Fenrisúlfr

Fenrisulven – et monster af en mytologisk ulv.

Fimbulvintr

Fimbulvintr er den hårde vinter, der går forud for verdens undergang – Ragnarøk – og afslutter alt liv på Jorden.

Flóki Vilgerðarson

?–?

"Hrafna"-Flóki Vilgerðarson. Ifølge sagaer opdagede han Island. Ledede det første forsøg på at befolke Island, og mislykkedes. *"Hrafna"* betyder ravn.

Fólkvangr

Freyjas borg i Ásgarðr, hvor hun huser, fodrer og træner de bedste Einherjar til det sidste slag ved Ragnarǫk.

Forn Siðr

"Gamle sæder". En beskrivelse af nordisk hedenskab, som ikke havde et navn. Brugt som modsætning til *"Inn Nýi Siðr"* (De nye sæder – kristendommen). Se også *"Nyhedenskab"*.

Fornyrðislag

"Gamle historie meter". De nordiske digtere havde en tendens til at dele deres vers op i strofer på fra to til otte linjer (eller mere).

Frankiske rigsanaler

Også kendt som Annales Laurissenses maiores ('Større Lorsch-annaler'), en række annaler skrevet på latin i det karolingiske Frankerrige, der år for år registrerer monarki-ets tilstand fra 741 til 829.

Freydís Eiríksdóttir

965–?

Datter af Eiríkur *"Rauði"* Þorvaldsson, søster til Leifur *"Heppni"* Eiríksson, blandt de første nybyggere i Vinland.

Freyja

Kærlighed, død og magi er de vigtigste interesseområder for denne smukke unge og uendeligt attraktive ásynja.

Freyr

Vane, søn af Njörðr, bror til Freyja, og da de kom til
Ásgarðr var søskende gift. Da søskendeægteskab er almin-
deligt blandt vaner, men forbudt for aser, blev de tvunget til
at skilles.

Frigg

Óðinns kone, ifølge nogle traditioner.

Garðaríki

Oldnordisk navn for Kievan Rus (se det).

Garðr

Gård, ejendom eller land.

Gautar

En stor nordgermansk stamme, der beboede Götaland
(*"Gautarernes land"*) i det nuværende Sydsverige fra
oldtiden til senmiddelalderen.

Gefion

En jomfru ásynja der vil tage sig af alle menneskelige
kvinder, der dør som jomfru, i efterlivet.

Geri & Freki

Óðinns to ulve.

Gimlé

Gimlé er det sted hvor heltene fra Ragnarǫk kommer til at
bo. Det smukkeste sted i Ásgarðr, smukkere end solen.

Gjallerhorn

Heimdallrs horn, der vil lyde, når jǫtunn nærmer sig Ás-
garðr.

Godo Friduf, Godfred rex Danorum

I 804 den danske konge, ifølge de Frankiske rigsanaler.

Gormr *"Gamli"* Hardeknudsson

Ca. 895-960

Gorm den gamle, første hersker over hele Danmark(?). Regerede fra Jelling, hvor han lavede den første af Jelling-runestenene til ære for sin hustru Þórvi. Far til Haraldr *"Blátǫnn"* Gormsson.

Gotar

En nordgermansk stamme, der boede på øen Gotland.

Gungner

Óðinns spyd.

Gustav Eriksson *"Vasa"*

1496–1560

Konge af Sverige 1523-1560, og skaberen af det selvstændige Sverige, der effektivt afsluttede Kalmarunionen.

Gård

Se *"Garðr"*.

Harald Bluetooth

Se Haraldr *"Blátǫnn"* Gormsson

Harald Finehair

Se Haraldr Hárfagri

Harald Hårderåde

Se Haraldr *"harðráði"* Sigurðarson.

Haraldr *"Blátǫnn"* Gormsson
958–986

I populærkulturen kendt som Harald Blåtand. Haraldr Gormsson, med tilnavnet *"Blátǫnn"* (bogstaveligt *"Blå tand"*). Formentlig på grund af en tand med en død nerve.

Haraldr *"harðráði"* Sigurðarson
1015–1066

Konge af Norge, og kendt i engelsk historie som *"den sidste viking"*, da han blev dræbt i slaget ved Stamford Bridge, som afslutter vikingetiden i England, 25. september 1066. Også kendt som Harald Hårderåde.

Haraldr Hárfagri
850–932

På dansk kendt som Harald Hårfager. Den første konge af et selvstændigt og samlet Norge. Han nævnes i Hrafnsmál, Glymdrápa, Sendibitr, Íslendingabók, Skarðsárbók, Ágrip af Nóregskonungasögum, Historia Norwegiæ, Fagrskinna, Heimskringla, Egils Saga, Grettis saga, Ragnarssona þáttr, Flóamanna saga, Vatnsdeyjaringa saga, Vatnsdeyjaringa saga, Orkneys saga, men der er ingen grund til at tro, at Norge var selvstændigt eller forenet i hans levetid. Dette er public relations og falske nyheder på et niveau for sig selv. Haraldr var gift tre gange, med Ragnhild *"Ínn Rika"* Eiríksdóttir, Åsa Håkonsdotter og Snøfrid Svåsedottir, men vi ved ikke, om det var en ad gangen eller polygami.

Hávamál

(Den Højes tale) er et kvad i den ældre Edda. Kvadet er et langt læredigt om, hvad der betragtes som god og dårlig opførsel, hvor Óðinn bruger sit eget liv til at eksemplificere. Der manes til ydmyghed, gæstfrihed, loyalitet og taknemmelighed.

Heiðabýr

Vikingehandelsby fra jernalderen i det sydlige Danmark
(nu i Tyskland).

Heimdallr

En mægtig kriger og en standhaftig vagt af Ásgarðr. Han
holder øje med broen Bifrost uden pauser, og vil blæse i sit
enorme horn – Gjallerhorn – når fjender nærmer sig.

Hel

Et af de tre børn af Loke og Angrboða (de to andre er
ulven Fenris og Miðgarðr-slangen). Denne guddom blev
forvist til dødsriget, Helheimr, i Niflheim. *"Hel"* kan også
være en forkortelse for Helheimr.

Helga af Kiev

890–969

Hovedsageligt kendt som Olga af Kiev, gift med Ingvarr
Hrøríksson og mor til Sveinald Ingvarsson. Efter drabet på
sin mand Ingvarr i 945 regerede hun på sin søns vegne ind-
til 960. I 950 besøgte hun Miklagarðr (Konstantinopel) og
konverterede til den ortodokse kristendom. For at bevare
stabiliteten i Kievan Rus, hævne sin mands død og omven-
de befolkningen til kristendommen har hun utallige liv på
samvittigheden, og alligevel er hun i dag både Ruslands og
Ukraines officielle helgen. Hvis du ledte efter en skjoldmø,
så er der bingo!

Helgi den vise

?-940

Kendt som Oleg den Vise, efterfulgte Hrøríkr (Rurik) som
hersker over Holmgarðr (Novgorod), og underkastede
mange af de østslaviske stammer sit styre, hvilket udvidede

hans kontrol fra Holmgarðr mod syd langs Dnieper-floden. Helgi blev den første prins af Kiev og lagde derved grundlaget for Kievan Rus, og lancerede endda et vellykket angreb på Miklagarðr (Konstantinopel). Han døde i 912 og blev efterfulgt af Ruriks søn, Ingvarr.

Helheimr

Ofte bare omtalt som *"Hel"*. Dødsriget. Et kedeligt sted, hvor der ikke sker meget. Ikke at forveksle med helvede, hvor de døde straffes for evigt – det er en anden religion.

Helluland

"Land af flade klipper". Baffin Island i det nuværende Canada.

Bulmeurt

Giftig plante, i mikroskopiske doser et hallucinogen.

Hil

Æret være! (Og ja, det blev desværre til det tyske *"Heil"*).

Hildisvíni

Freyjas vildsvin som hun rider på i krig.

Hird

En gruppe krigere.

Hnefatafl

Jernalder brætspil, sommetider kaldet *"Vikingeskak"*.

Hǫðr

Óðinns blinde søn. Loki narrer ham til at dræbe Baldr, hvorved Ragnarǫk begynder.

Holm

En ø i en by, kendt fra fx Stockholm eller Holmen i København. De fleste øer i byer i Skandinavien hedder noget med -holm. Manhattan og Hong Kong er faktisk holme.

Holmganga

En duel på et afgrænset område (se *"Holm"*). I teorien kunne enhver udfordre enhver, uanset stand og anseelse i samfundet. Det kunne være et spørgsmål om værdighed, ejerskab eller ethvert andet juridisk anliggende.

Holmgarðr

Den første store vikingeby i Rus imperiet. I dag kendt som Novgorod (eller Velikij Novgorod), i Rusland. Selve stedet var det nuværende Rurikovo Gorodische, 2 km syd for den nuværende by. Etableret af Hrøríkr (Rurik).

Hellige Romerske Rige

Strækte sig fra det centrale Italien til den danske grænse og fra det østlige Frankrig til midten af Polen (nutidens grænser), et imperium skabt af Karl den Store.

Hrólfr

870–928

Göngu-Hrólfr, Rolf Vandreren eller Rollo. Hrólfr og andre vikingekrigsherrer sled på Det Hellige Romerske Rige ved at angribe byer og klostre i Seinen. Kejseren indgik en aftale med ham i 911: Ved at give ham den nordlige del af landet til at regere, som greve af Rouen, ville han også blive en buffer-stat og beskytte resten af imperiet mod yderligere vikingeangreb. Dette blev til Normandiet. Rollos søn og arving, William Langsværd, og barnebarn, Richard den Frygtløse, smedede hertugdømmet Normandiet til Vestfrankiens mest sammenhængende og formidable fyr-

stedømme. Hrólfr er tip-oldefar til Vilhelm Erobreren, som
vandt slaget ved Hastings og blev stamfader til Norman-
nerdynastiet i England. Göngu (Vandreren) kælenavnet er
ifølge legenden, fordi han var så stor, at ingen hest kunne
bære ham.

Hrøríkr

?–879

Almindeligt kendt som Rurik, grundlæggeren af det første
Rus-imperium i Østeuropa, da han etablerede sig i Holm-
garðr (Novgorod) i 862. Hrøríkr er blevet betragtet som
grundlæggeren af Rurik-dynastiet, som fortsatte med at
regere Kievan Rus' og dets fyrstedømmer, og i sidste ende
Ruslands zardømme. Zar Vasili IV, der regerede indtil
1610, var den sidste Rurik-monark i Rusland.

Hugin & Munin

"Tanke" og *"Minde"*, Óðinns to ravne der fungerer som hans
spioner.

Hvide Krist

Se Hvítakristr.

Hvítakristr

"Hvide Kristus". Jernalderens vikingers navn for Jesus
Kristus. Sandsynligvis fordi nyomvendte var forpligtet til at
bære hvidt tøj en uge efter at være blevet døbt, men vi ved
det ikke med sikkerhed.

Iðunn

Iðunn holder de magiske æbler, der giver aserne næsten
evig ungdom og liv.

Igor of kiev

Se Ingvarr Hrøríksson.

Ingvar den Vidfarne

Se Yngvarr Víðförli.

Ingvarr Hrøríksson

875–945

Søn af Hrøríkr (Rurik), gift med Helga og far til Valdamarr Sveinaldsson. Bedre kendt som Igor af Kiev eller Igor Rurikovich. Ingvarr belejrede to gange Miklagarðr (Konstantinopel), i 941 og 944, og selvom græsk ild ødelagde en del af hans flåde, indgik han en fordelagtig traktat med den byzantinske kejser Konstantin VII i 945. Ingvarr blev dræbt, mens han opkrævede skat fra Drevlingerne i 945.

Inn Nyí Siðr

"De nye sæder" – kristendommen.

Ivar den benløse

Se Ívarr *"Hinn Beinlausi"* Ragnarsson.

Ívarr *"Hinn Beinlausi"* Ragnarsson

?–873

Ifølge sagaer søn af Ragnarr Loðbrók, og lederen af Den Store Hedenske Hær i 865. Kendt som Ímar konge af Dublin mellem 870-873. *"Bein"* på oldnordisk kan betyde knogle, lem eller ben, og vi aner ikke, om han havde en knoglesygdom, manglede et ben eller to, eller om han var impotent. En fjerde teori antyder, at *"Beinlausi"* er ekstremt smidig.

Jarl

Nordisk betegnelse for en stormand.

Jelling

Gammel og vigtig historisk by i Danmarks historie. I jernalderen tjente den som kongesæde for de første monarker i Kongeriget Danmark. Jelling er stedet for et stort stenskib og to store gravhøje samt Jelling-runestenene.

Jellingstenene

Store runesten fra 900-tallet, i Jelling. Den ældste af de to Jellingsten blev rejst af kong Gormr *"Gamli"* Hardeknudsson til minde om hans hustru Þórvi. Den største af de to sten blev rejst af kong Gormrs søn, Haraldr *"Blátǫnn"* Gormsson, til minde om sine forældre, hvor han fejrede sin erobring af Danmark og Norge og hans omvendelse af danskerne til kristendommen – også kendt som *"Danmarks dåbsattest"*.

Jim Lyngvild

Omstridt dansk kunstner med særlig interesse i at fortolke vikingefund.

Jomsborg

Halvlegendarisk vikingeborg fra jernalderen ved den sydlige kyst af Østersøen (middelalderlige Wendland, moderne Pommern), der eksisterede mellem 960'erne og 1043. Dens indbyggere var kendt som Jomsvikinger. Jomsborgs nøjagtige placering, eller dets eksistens, er endnu ikke fastlagt, selvom det ofte hævdes, at Jomsborg lå ved Oder-flodens østlige udløb i Polen. Jomsvikinger er legendariske *"krigermunke"* lejesoldater, holdt isoleret fra kvinder og andre distraktioner.

Jǫrð

Jorden, opfattet som en gudinde.

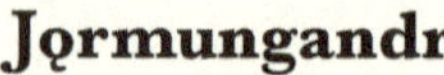

Jǫrmungandr

Miðgarðr-slangen eller Midgårdsormen. En kæmpe slange som omgiver Miðgarðr, den menneskelige verden. Hvis Jǫrmungandr bevæger sig, vil verden – eller havet – ryste og bevæge sig. Dybest set forklaringen på havstorme, overdimensionerede bølger og jordskælv.

Jórvik

York. Den vigtigste by i Danelagen (se det).

Jǫtunheimr

Jǫtunns land, hvor man finder borgen Útgarðar (se det).

Jǫtunn

Monstre i den nordiske religion, i dag brugt på svensk (jätte) som *"meget"* eller *"stort"*. Jǫtunn er faktisk relateret til aserne, på en eller anden måde.

Jul

Oprndeligt en hedensk fejring af vintersolhverv, med svingende datoer, styret af månekalenderen.

Jætte/Jätte

Se *"Jǫtunn"*.

Kaupang

Vigtig norsk vikingeby. Grundlagt i 780'erne og forladt af ukendte årsager i begyndelsen af det 10. århundrede.

Kiev

Også kendt som Kyiv. Hovedstaden i Kievan Rus imperiet i jernalderen og middelalderen. Nu hovedstaden i Ukraine.

Kievan Rus

Rus imperiet i dele af det nuværende Estland, Rusland, Ukraine, Hviderusland og Balkan.

Knud den store

Se Knútr *"Ínn ríki"* Sveinsson.

Knútr "Ínn ríki" Sveinsson

990–1035

Knud den Store. Konge af England fra 1016, Konge af Danmark fra 1018 og Konge af Norge fra 1028 til sin død. De tre riger forenet under hans styre omtales som Nordsø-imperiet.

Kænugarðr

Oldnordisk navn for Kiev (se det).

Lagerþa

?–?

En mytisk kvindelig hersker og skjoldmø fra Saxo Grammaticus *"Danmarkskrønike"*. Formentlig inspireret af den nordiske ase Thorgerd.

Laila Kitzler Åhfeldt

Forsker, Riksantikvarieämbetet i Stockholm, som har udviklet en metode til at identificere stenhuggere af runesten.

Leif den lykkelige

Se Leifur *"Heppni"* Eiríksson

Leifur "Heppni" Eiríksson

Leif *"den lykkelige"* Eriksson, søn af Eiríkur *"Rauði"* Þorvaldsson. Første nybygger i Vinland. Kaldenavnet kan endda oversættes til *"den heldige"*.

Lejre

I dag en lille by i Danmark, tæt på Roskilde. Lejres rolle i Danmarkshistorien kan sammenlignes med Uppsalas i Sverige. Lejre antages undertiden at have været hovedstaden i et jernalderrige, undertiden omtalt som *"Lejreriget"*. Ifølge de tidlige legender blev det regeret af konger fra Skjöldung-dynastiet, forgængere til kongerne i middelalderens Danmark. Legender om Lejres konger kendes fra en række middelalderkilder, herunder Gesta Danorum (*"Danmarkskrønike"*) fra det tolvte århundrede skrevet af Saxo Grammaticus.

Lisbeth Imer

Arkæolog og runeforsker på Nationalmuseet

Ljósálfar

Lyselverne, der bor i Álfheimr. Styret af vanen Freyr får de naturen til at vokse og trives.

Lofoten

Den første kendte by i Nordnorge, og en vigtig handelsstation for fiskere og hvalfangere, og handel med samerne.

Loki

Loke er oprindeligt jotunn, men bliver blodbror med Óðinn og bor i Ásgarðr. Han er en mangefacetteret figur, der gør meget godt, men også meget dårligt. Det er ofte ham, der sætter begivenhederne i gang i de mytologiske historier.

Lund

Fra c. 990 den vigtigste by i Skåne, den danske del af
Sydsverige. Hjem til den første skandinaviske ærkebiskop.
Lund Katedralskole (Katedralskolan) blev grundlagt i 1085
og er stadig aktiv som den ældste skole i Nordeuropa.

Lögrétta

Højesteret.

Margrete Valdemarsdatter

1353–1412

Uofficiel dronning af Danmark, Norge og Sverige (in-
klusive Finland, Island, Grønland, Shetlandsøerne og
Færøerne) fra slutningen af 1380'erne til hendes død, og
grundlæggeren af Kalmarunionen, der sluttede de skan-
dinaviske kongeriger sammen i over et århundrede. Hun
regerede på vegne af sin nevø og blev ikke officielt tituleret
som dronning før mange år efter sin død. Danmarks første
officielle kvindelige regent var faktisk Dronning Margrethe
den første, i 1972, men hun valgte titlen *"den anden"* til ære
for Margrete Valdemarsdatter.

Margrethe Alexandrine Þórhildur Ingrid

1940–

Dronning Margrethe II af Danmark. Regent siden 1972,
som den første officielle kvindelige regent (læs om Margrete
Valdemarsdatter!). Faktisk i direkte blodlinje fra Knútr *"Ínn
ríki"* Sveinsson (990-1035), og ifølge sagaer fra Ragnarr
Loðbrók.

Mark

Oldnordisk: Skov. Nutidsskandinavisk: Mark eller jord.

Markland

"Skovland". Vikingebosættelse(?) i Canada. Markland er blevet foreslået at have været en del af Labrador-kysten.

Miðgarðr

Mellem + gård, mellemjorden; menneskets verden. Hvor du er lige nu (gætter jeg).

Miðgarðsormr

Miðgarðr-slangen eller Midgårdsormen. Se *"Jǫrmungandr"*.

Miklagarðr

Konstantinopel, det nuværende Istanbul. Også kendt som Byzans.

Mímir

Mímir er vogteren af visdommens brønd; Mímisbrunnr.

Mímisbrunnr

Mímirs vidomsbrønd. Se Mímir.

Mjölnír

Þórrs (Thors) magiske hammer.

Móði & Magni

Þórrs sønner: *"Vrede"* og *"Magt"*.

Naddoðr

?–?

Ifølge sagaerne opdagede Naddoðr Island og kaldte det Sneøen, inden han rejste til Færøerne for at bosætte sig der. Angiveligt bedstefar eller oldefar til Þorvaldr Ásvaldsson, som igen er far til Eiríkur *"Rauði"* Þorvaldsson.

Nyhedenskab

I Skandinavien er nyhedenskab den opdaterede fortsættelse af Forn Siðr (*"de gamle sæder"*). Det praktiseres på mange forskellige måder, men der lægges ofte vægt på bevarelse af historie og traditioner, sund kost, respekt for dyr og natur, respekt for de ældre, fokus på familie, fokus på kvinders rettigheder (i modsætning til kristendom, islam og hinduisme), og gæstfrihed. Ofte kan det ses som en blanding af antikke verdensbilleder med moderne spiritualitet og respekt for menneskerettigheder og naturbeskyttelse.

Nīðing

Skurk eller *"uden ære"*. Ofte fredløs (Skóggangr eller útlagi).

Niflheimr

Den frosne verden i kosmologien, hvori dødsriget Helheimr også eksisterer.

Nisse

En Nisse (dansk) eller Tomte (svensk) er et overnaturligt væsen, der bor på hver gård. De kan være nyttige eller irriterende, alt efter hvordan du behandler dem.

Njörðr

Njörðr er egentlig vane, men bor i Ásgarðr. Far til Freyja og Freyr.

Nordisk mythologi

De nordiske myter, sagn og sagaer, hovedsagelig om aser og vaner.

Nordsøimperiet

Nordsøriget, også kendt som det anglo-skandinaviske imperium, var den personlige forening af kongerigerne England, Danmark og Norge i det meste af perioden mellem 1013 og 1042.

Novgorod

Se Holmgarðr.

Óðinn

Óðinn (*"Odin"*, *"Oden"* eller *"Woden"*) er den vigtigste ase ifølge de fleste traditioner.

Oleg den vise

Se Helgi den vise.

Olga af Kiev

Se Helga af Kiev

Ormr

Det oldnordiske ord for slange, både ægte og mytologisk. Mytologisk er det i moderne tid blevet oversat til drage, ikke at forveksle med vingede ildspyende drager i andre mytologier. Hovedsageligt kendt fra *"Miðgarðsormr"* (Midgårdsormen).

Oslo

Norges hovedstad. Ifølge de nordiske sagaer blev Oslo grundlagt omkring 1049 af Haraldr Harðráði, men der er fundet ældre gravhøje.

ǫss

Alternativ stavemåde for ase.

Petjenegi

En stor gruppe stammer, der bor omkring floderne Dnieper og Volga, nord for Sortehavet. Nogle af disse stammer blev en del af Kievan Rus-imperiet, mens andre forblev en trussel mod imperiet.

Poetiske Edda

Digtsamling, der skildrer religiøse myter og fabler. Skrevet mellem 800 og 1000 i Norge og Island.

Poppo

?–?

Legendarisk missionærmunk, der bar et stykke glødende jern (*"Jernbyrd"*) for at bevise den kristne guds overlegenhed foran kong Haraldr *"Blátǫnn"* Gormsson, ifølge sagaer.

Prosaiske Edda

Også kendt som *"Snorris Edda"*, en af de primære kilder til viden om den nordiske religion og myter, dog skrevet 200 år efter afslutningen af (den engelske) vikingetid, og i en kristen sammenhæng.

Ragnarǫk

En forudsagt række af forestående begivenheder, inklusive et stort slag, hvor adskillige aser vil omkomme (inklusive Óðinn, Þórr Týr, Freyr, Heimdallr og Loke); det vil medføre en katastrofal række af naturkatastrofer, herunder afbrænding af verden, og kulminere i, at verden sænkes under vandet. Efter disse begivenheder vil verden rejse sig igen, renset og frugtbar, og verden vil blive genbefolket af to menneskelige overlevende, Líf og Lífþrasir.

Ragnarr Loðbrók

?–?

Også kendt som Reginherus. En mytisk karakter fra *"Rag-narr Loðbróks saga"* (et al), skrevet engang mellem 1200 og 1400 i Danmark. Ifølge sagaen har han fem sønner med sin kone Áslaug: Ubbi, Sigurðr *"Ormr í auga"* Áslaugsson, Halfdan *"Hvítserkr"* Ragnarrsson, Björn *"Járnsíða"* og Ívarr *"hinn Beinlausi"* Ragnarrsson. Han bliver dræbt af Nort-humberland-kongen Ælla, ved at blive smidt ned i et hul af slanger. Ifølge sagaen var hævn for hans død årsagen til dannelsen af *"Den Store Hedenske Hær"*. Loðbrók betyder behårede bukser.

Ravnunge Tue

En vigtig runestenskaber i Danmark. Har blandt andet ristet runerne (og dekorationerne) i fire sten der omhandler Þórvi, blandt dem de to Jellingsten.

Reykjavik

Islands hovedstad, etablerede 870 e.Kr., som den første nordiske (og måske menneskelige) bosættelse på Island. Navnet kan oversættes til *"Dampbugten"*, og stammer fra det store antal naturlige varme kilder.

Ribe

Den første kendte – stadig eksisterende – handelsby i Dan-mark tæt på den dansk-tyske grænse. Etableret omkring år 700. Primært handel med England og Frisia. Sæde for den første kristne kirke i Skandinavien.

Ringborg

Se *"Trelleborg"*.

Rollo

Se Hrólfr.

Rorik

Se Hrøríkr.

Roskilde

By i Danmark, beliggende i bunden af en fjord, vest for det nuværende København. En række vikingeskibe blev sænket i fjorden for at forhindre angreb. Disse skibe kan nu opleves på Roskilde Vikingeskibs Museum.

Rus

En gruppe af Svea, Gotra og Gautam (se det), der besatte dele af det nuværende Estland, Rusland, Ukraine og Balkan.

Samanideriget

Et persisk sunnimuslimsk imperium i det nuværende Persien og Centralasien, fra 819 til 999.

Sámi

Det traditionelt samisktalende folk, der bor i regionen Sápmi, som i dag omfatter store nordlige dele af Norge, Sverige, Finland og Kolahalvøen i Rusland.

Saxo Grammaticus

1150–1220

Dansk historiker, teolog og forfatter. Skrev *"Danernes Krønike"* (*"Gesta Danorum"*) for biskop Absalon af Lund og Kong Valdemar 1. Hans forfatterskab glorificerer tidligere danske herskeres præstationer og opsummerer mange myter og sagn. Hans(?) karakter Amleth er uden tvivl inspirationen til Shakespeares *"Hamlet"*, og hans(?) karakter Ragnarr Loðbrók blev en af hovedpersonerne i History Channel/Netflix-serien *"Vikings"*.

Seiðr

Magi og spådom; udøvelsen af seiðr menes at være en form for magi, der er relateret til både at forudse og forme fremtiden. Udøvere er kendt for at have båret en magisk vandrestav (som over tid kan have inspireret til tryllestave, som i Harry Potter), trommer og små indgraverede figurer eller terninger.

Serkland

Oldnordisk navn for den islamiske verden. Bogstaveligt talt *"kjoleland"*.

Shield maiden

Engelsk oversættelse af *"Skjoldmø"*.

Sigtuna

I jernalderen en meget vigtig by i Svea-området ved søen Mälaren.

Skaði

Skaði er en jotunnprinsesse, der tog til Ásgarðr for at gifte sig med den smukkeste af alle aserne – Baldr.

Skjald

Digter og/eller historiefortæller, i nogle tilfælde endda sanger. Se også Fornyrðislag.

Skjalðemjöð

Poesi-sprut – en drik der inspirerer poesi.

Skjaldmær

Kvindelig kriger; *"Skjoldmø"*.

Skjǫld

Grundlæggeren af Skjǫldungar dynastiet, og den første konge i Lejre, ifølge legender.

Skjoldmø

Kvindelig kriger.

Skjǫldungar

Ifølge legender en klan eller dynasti af danske konger, der i sin tid erobrede og regerede Danmark og Sverige sammen med en del af England, Irland og Nordtyskland.

Skóggangr

"Skov-gænger" – fredløs/udstødt.

Skrälingi

"Svæklinger"/"Kujoner"; vikingens navn for de oprindelige folk i Vinland og Markland (i det nuværende Canada). Formentlig Haudenosaunee (Iroquois).

Slave/Slavisk

De etniske grupper i det nuværende Østeuropa, som ufrivilligt har givet navn til slave/slaveri.

Sleipnir

Óðinns otte-benede hest.

Snorri Sturluson

1179-1241

Islandsk høvding, historiker og forfatter. Skrev Snorris Edda, også kendt som Prosaiske Edda.

Snøfrid Svåsedottir

Samisk prinsesse, datter af kong Svåse, og gift med den norske kong Haraldr Hárfagri. Hun fungerede som en af hans vigtigste rådgivere, og ifølge legenden havde hun ham under en fortryllelse. Dette er et af de meget få eksempler på, at en same spiller en væsentlig rolle i vikingehistorien. Sagaen om Snøfrid nævner, at da hun døde, var hendes krop lige så frisk, som om hun havde været i live i tre år, mens kongen sørgede over hende. Denne *"sovende skønhed"* kan være oprindelsen til eventyret Snehvide. Snøfrid oversætter til *"Sne-fred"*.

St. Brice's Day massakren

St. Brice's Day massakren, der fandt sted den 13. november 1002, var massedrab på alle danskere i England, beordret af kong Æthelred den rådvilde som svar på en formodet trussel mod hans liv.

Sturla Þórðarson

1214–1284

Nevø og elev af den berømte sagaforfatter Snorri Sturluson. Han er bedst kendt for at skrive Íslendinga saga, den længste saga inden for Sturlunga saga, og Hákonar saga Hákonarsonar.

Svartálfheim

Hjem for Svartálfr/Dvergr (sortelvere/dværge), inde i et bjerg.

Svartálfr

Sortelvere, der bor i Svartálfheim, inde i et bjerg. De er ikke specielt charmerende, men de kan producere fantastisk smukke genstande af høj kvalitet, der rummer magiske kræfter, som Mjölnír og Brísingamen.

Svea

En nordgermansk stamme, der beboede Svealand, om-
kring Mälaren (*"Sveaernes land"*), i det centrale Sverige og en
af de moderne svenskeres forfædregrupper, sammen med
Gautar og Gotar. De havde deres religiøse center i Gamla
Uppsala. (Se også Rus og Varangier).

Sveinald Ingvarsson

943–972

Kendt som Sviatoslav den Modige, søn af Ingvarr og
Helga af Kiev. På trods af at hans mor med store fagter og
blodsudgydelser konverterede Kievan Rus til kristendom-
men og senere blev en helgen i den ortodokse kirke, forblev
Sviatoslav hedensk hele sit liv. Hans årti lange regeringstid
over Kievan Rus' var præget af hurtig ekspansion ind i
Volga-flodens dal, den pontiske steppe og Balkan. Ved
slutningen af sit korte liv havde Sveinald skabt den største
stat i Europa. Han blev overfaldet og dræbt af Petjenegier i
972. Den Primære Krønike fortæller, at hans kranium blev
lavet til en drikkekalk af Petjenegier-khanen.

Sveinn "Tjúguskegg" Haraldsson

963–1014

Svend Tveskæg. Konge af Danmark, Norge og England.
Søn af Haraldr *"Blátǫnn"* Gormsson, og far til Knútr *"Ínn
ríki"* Sveinsson.

Svend Estridsen

1019–1076

Dansk konge, som havde lidt held med at beskytte græn-
serne, men meget lidt held med at udvide riget. I stedet
bruger han sin tid på at konsolidere og yderligere etablere
den kristne kirke i Danmark, og endnu mere tid i sengen
– og ikke alene! Han var gift med Gyda Anundsdatter,

Gunhild Sveinsdatter og Ellisiv af Kiev (en ad gangen), og med dem havde han sønnerne Svend Korsfarer, Thrugils Svendsen og Knud Magnus. Med diverse friller havde han (hold fast!): Harald Hen, Sigrid Svendsdatter, Knud den Hellige, Oluf Hunger, Ingerid Svendsdatter, Erik Ejegod, Benedikt Svendsen, Bjørn Svendsen, Svend Tronkræver, Guttorm Svendsen, Eymund Svendsen, Ubbe Svendsen, Niels Svendsen , Thorgils Svendsen, Ragnhild Svendsdatter og Helene Svendsdatter. Det er 19 i alt.

Sviatoslav den tapre

Se Sveinald Ingvarsson.

Svend Tveskæg

Se Sveinn *"tjúguskegg"* Haraldsson.

Sæhrímnir

Sæhrímnir er det magiske vildsvin, der dræbes og spises hver nat af aserne og Einherjarerne. Ligesom alle andre skabninger, der er spist i Ásgarðr, vil den fremstå hel næste dag.

Tacitus

Romersk forfatter som beskriver Skandinavien i år 98 evt., i bogen *"Germania"*.

Þing

Besluttende og lovgivende forsamling af frie borgere (ikke slaver og børn).

Þórr

Þórr (*"Thor"* eller *"Tor"*) er ase for mennesker og søn af Óðinn.

Þórvi "Tanmark Bod" Haralðrsdottir

Ca. 900–950

Thýra Danebod, *"Danmarks pryd"*, den første officielle dronning af Danmark, og en vigtig politisk faktor. Gift med Gormr *"Gamli"* Hardeknudsson (og gav ham legitimitet) og mor til Haraldr *"Blátǫnn"* Gormsson. Omtalt på talrige runesten, og kan opfattes som den egentlige regent af Kongeriget Danmark. Þórvi betyder *"Þórrs viv"*.

Trelleborg

By i det sydlige Sverige, men også navnet på flere runde fæstninger bygget i Danmark og det sydlige Sverige i Haraldr *"Blátǫnn"* Gormssons regeringstid. Disse fæstninger har en strengt cirkulær form, med veje og porte, der peger i de fire kardinalretninger.

Tról

Trolde er en slags jǫtunn, der er forvist fra Jǫtunheimr, og bor i Miðgarðr (menneskenes verden). De søger ensomhed og kan være farlige, hvis de bliver forstyrret.

Trælle

Slaver.

Týr

Týr er en krigerase sammen med Óðinn og Þórr.

Uppsala

Sveriges vigtigste religiøse (Forn Siðr) centrum. Templet i Uppsala indeholdt storslåede statuer af de vigtigste aser; Þórr, Óðinn og Freyr. Etableret omkring år 300 e.Kr., og nu et meget vigtigt arkæologisk sted. Beliggende 70 km nord for Stockholm er Uppsala en blomstrende by, og hjemsted for det ældste – stadig aktive – universitet i Skandinavien, anslået 1477.

Uppåkra

Svensk (tidligere dansk) by, etableret ca. 100 f.Kr. Uppåkra blev opgivet og muligvis delvist flyttet til Lund i 990'erne.

Útgarðar

Fæstning i Jǫtunheimr, hvor den frygtede jǫtunn Útgarðar-Loke præsiderer. (Ikke at forveksle med Loke)

Útlagi

Bogstaveligt talt *"Uden for loven"* (fredløs). Forvist fra samfundet.

Valdamarr Sveinaldsson

958–1015

Vladimir den Store. Født i 958, Valdemarr var den uægte og yngste søn af Sveinald Ingvarsson (Sviatoslav I af Kiev) med sin husholderske Malusha. Blev hersker over Kievan Rus i 980 efter at have dræbt sine to ældre brødre.

Valhǫll

Valhal eller Valhalla. En majestætisk hal beliggende i Ásgarðr og præsideret af Óðinn. Halvdelen af dem, der dør i kamp (Einherjar) kommer til Valhǫll, mens den anden halvdel er udvalgt af gudinden Freyja til at opholde sig i Fólkvangr. Einherjarerne bor i Valhǫll indtil Ragnarǫk, hvor de vil marchere ud af dens mange døre for at kæmpe mod jǫtunn. Det er en all-inclusive luksus kamptræningslejr, kun overgået af Fólkvangr.

Valkyrja

Kvindefigurer, der leder de dødes sjæle til Ásgarðr (Fól-kvangr eller Valhǫll). Dødeligt sårede krigere afliver de. I sjældne tilfælde blander de sig i kampen.

Vanaheimr

Hvor vanerne bor.

Vaner

En gruppe af magiske væsener forbundet med frugtbar-hed, visdom og evnen til at se fremtiden. Vanerne er en af to grupper af høje agiske væsener (den anden er aserne).

Varangier

Oldnordisk: Væringjar. Svea (se det)/Rus (se det) Vikinge-erobrere, handelsmænd og nybyggere, mest fra det nuvæ-rende Sverige.

Varangiske garde

Vikingegarde, en hær af Rus (se det) vikinge-lejesoldater i den byzantinske kejsers tjeneste.

Vegvisir

Vegvisir (vejviseren) er et magisk symbol beregnet til at hjælpe bæreren med at finde vej hjem. Symbolet er atteste-ret i Huld-manuskriptet, samlet på Island af Geir Vigfus-son i 1860, og har ingen tidligere attestationer.

Vik

Vig eller bugt.

Viken

(Oldnordisk: Vík eller Víkin) var det historiske navn under jernalderen og højmiddelalderen for et område, der op-rindeligt omgav Oslofjorden og omfattede Bohusläns kyst.

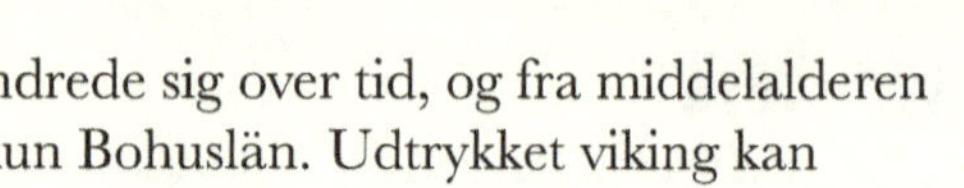

Dens definition ændrede sig over tid, og fra middelalderen omfattede Viken kun Bohuslän. Udtrykket viking kan stamme fra Vikin.

Vikingr

Ekspeditionsdeltager eller sørøver.

Vikingu

Ekspedition.

Vili & Vé

Óðinns to brødre.

Vinland

L'Anse aux Meadows i det nuværende Canada. Måske hele Saint Lawrence-bugten.

Vladimir den store

Se Valdamarr Sveinaldsson

Vǫlsunga saga

Historien om Vǫlsunga-klanens opståen og fald, skrevet i 1300-tallet, men komponeret meget tidligere og holdt i live i hundreder af år i den mundtlige skjalðe-tradition.

Völve

Kvindelig shaman. Mange år efter kristendommens indførelse ville folk stadig konsultere en Völve, og da kirken blev træt af konkurrencen, begyndte heksejagterne i Skandinavien (ca. 1530).

Vender

Historisk navn for slavere, der beboede det nuværende Nordøsttyskland.

Yamnaya

Yamnaya-folket opstod i de sibiriske stepper for 7000 år siden, dannede en hyrde- og landbrugskultur i området nord for Sortehavet (nuværende Ukraine), og invaderede det nordlige Europa i ca. 3000 f.Kr.

Yggdrasil

Verdenstræet.

Ymir

Den oprindelige skaber af verden og alt liv.

Yngvarr Víðförli

?–1041

Ingvar den Vidfarne, en Rus-viking fra det centrale Sverige, der ledede en enorm ekspedition for at sikre Volga-floden, ind i Serkland (den muslimske verden). Ikke mindre end 26 runesten fortæller om denne ekspedition, og mennesker, der døde undervejs, og adskillige sagaer og kronikker nævner hans ekspedition, herunder den Georgiske krønike.

York

Se *"Jórvik"*.

Ælla of Northumbria

815–867

Konge af Northumbria, i det nuværende England. Ifølge sagaer dræbte han Ragnarr Loðbrók i et hul med slanger og fremkaldte Den Store Hedenske Hær. Ifølge Sagaen om Ragnarrs sønner blev han straffet med blodørn, men ifølge den Anglo-Saksiske krønike døde han på slagmarken ved York. Begge kan have ret, afhængigt af hvordan vi fortolker blodørn (se det).

Æthelred den Rådvilde

966–1016

Oldnordisk: Aðalráðr. I 1002 beordrede Æthelred det, der blev kendt som St. Brices Day-massakren på danske bosættere. I 1013 invaderede kong Sveinn *"tjúguskegg"* Haraldsson af Danmark derfor England, hvilket resulterede i, at Æthelred flygtede til Normandiet i 1013 og blev erstattet af Sveinn.

TIDSLINJE

300	Uppsala grundlagt
536	To store vulkanudbrud skabte en global afkølingsperiode, ofte omtalt som *"tre år uden sommer"*. Det globale dødstal var enormt, og begivenheden menes nu at være oprindelsen til myten om Fimbulvintr.
650	Ribe grundlagt
750	Birka grundlagt
780	Heiðabýr grundlagt
789	Første registrerede vikingetogt i England (Dorset)
793	Lindisfarne plyndret
795	Første registrerede vikingetogt i Irland
795	Første registrerede vikingetogt i Skotland
800	Første danske vikingebosættelse i Irland
820	Første registrerede vikingetogt i Frankrig
841	Danske vikinger grundlagde Dublin
844	Danske vikinger belejrer Sevilla, i Al-Andalus (uden stor succes)
845	Danske vikinger belejrer Paris
850	Danske vikinger overvintrer i England
860	Danske vikinger bosætter sig i Island
860	Rus vikinger angreb Miklagarðr (Konstantinopel)
862	Rus vikinger grundlægger kongerige i Holmgarðr (Novgorod)

865	Den store hedenske hær invaderer England.
866	Danske vikinger etablerer kongerige i Jórvik (York)
879	Rus vikinger flytter hovedstad fra Holmgarðr til Kiev, Kievan Rus er formelt etableret
886	Traktat etablerer Danelagen
911	Hrólfr får en del af det frankiske rige og etablerer Normandiet
941	Rus vikinger belejrer Miklagarðr (Konstantinopel)
944	Rus vikinger belejrer Miklagarðr (igen)
981	Eiríkur *"Rauði"* Þorvaldsson opdager Grønland
986	Eiríkur *"Rauði"* Þorvaldsson etablerer Brattalið; boplads og handelsstation i Grønland
986	Bjarni Herjólfsson opdager Vinland (Canada)
1000	Leifur *"Heppni"* Eiríksson og hans søster Freydís Eiríksdóttir etablerer bosættelse i Vinland (Canada)
1000	(Ca.) Skandinaviske lande er officielt erklæret kristne (romersk-katolske)
1000	Oslo (Viken) grundlagt
1009	Danske vikinger angriber London
1015	Danske vikinger opgiver bosættelse i Vinland
1016	Knútr *"Ínn ríki"* Sveinsson bliver konge af England
1018	Knútr *"Ínn ríki"* Sveinsson bliver konge af Danmark
1028	Knútr *"Ínn ríki"* Sveinsson bliver konge af Norge

1049 Heiðabýr raseret og nedbrændt af Haraldr *"Harðráði"* Sigurðarson

1066 Kong Harold Godwinson slår Haraldr *"Harðráði"* Sigurðarson i slaget ved Stamford Bridge

1066 Kong Harold Godwinson bliver besejret af Normandiets vikingehersker Vilhelm Erobreren i slaget ved Hastings. Begyndelsen på 300 års Normannisk styre i England

1103 Skandinavisk første ærkebiskop, i Lund

1219 15. juni ved slaget ved Lindanäs i Estland introduceres det danske flag. Ifølge legenden faldt det fra himlen i hænderne på kongen. Det er det første og ældste nationalflag i verden, og det er stadig i brug.

1242 Kievan Rus erobret af mongolerne

1397 Kalmarunionen er etableret mellem Danmark, Norge og Sverige under ledelse af den danske dronningeregent Margrete Valdemarsdatter

1453 Varangiske garde demonteret af den osmanniske invasion

1523 Kalmarunionen opløses

1530 (Ca.) Reformation til protestantisme i alle Skandinaviske lande

1658 Roskildefreden; Danmark tvunget til at give Skåne, Halland, Blekinge, Öland og Gotland til Sverige

1728 Danmark gør krav på Grønland og etablerer koloni

1808 Den finske krig blev udkæmpet mellem Sverige og Rusland fra februar 1808 til september 1809. Som et resultat af krigen blev Finland, som udgjorde den østlige tredjedel af det egentlige Sverige, det autonome storhertugdømme Finland i det kejserlige Rusland

1814 14. januar ved Kiel-traktaten afstod kongen af Danmark-Norge Norge til kongen af Sverige. Danmark beholder Grønland, Færøerne og Island

1864 Danmark mister Slesvig-Holsten til Tyskland i en krig

1873 Udtrykket *"Vikingetid"* blev opfundet

1876 Scenograf Carl Emil Doepler skaber hornhjelme til den første Bayreuther Festspiele-produktion af Wagners *"Der Ring des Nibelungen"*

1905 Norge selvstændigt

1917 Finland uafhængigt (fra både Rusland og Sverige)

1918 Selvom Danmark ikke deltog i Første Verdenskrig, er Tyskland tvunget til at give Nordslesvig til Danmark efter at have tabt krigen. Området omdøbes til Sønderjylland

1940 Danmark og Norge besat af Nazityskland

1941 USA besætter Grønland med tilladelse fra den danske ambassadør i USA. Han handler selvstændigt, da den danske regering er under nazitysk kontrol. Besættelsen slutter i 1945, men en militærbase forbliver i Thule.

1944 Island selvstændigt

1945	Slut på 2. Verdenskrig, besættelse af Danmark og Norge ophører
1945	Danmark (inkl. Grønland og Færøerne) og Norge tilslutter sig FN
1946	Island og Sverige tilslutter sig FN
1949	Danmark, Norge og Island bliver medlemmer af NATO
1955	Finland tilslutter sig FN
1973	Danmark bliver EU-medlem (EF)
1979	Grønland fik selvstyre fra Danmark, med nogle begrænsninger. Forlader EU (EF).
1995	Sverige og Finland bliver EU-medlemmer (EF)
2023	Sverige og Finland ansøger om NATO-medlemskab
2023	Finland tilslutter sig NATO

MØD:VIKINGERNE

ONLINE

1000 1/2 Danmarkshistorier v. Anders Lundt Hansen
https://www.facebook.com/AndersLundtHansen

Viking Archaeology
http://viking.archeurope.info/

Præcise kopier af vikingesmykker på museer
https://museum-jewelry.com/

Videnskabsartikel om Viking DNA
https://videnskab.dk/kultur-samfund/
forsker-vikingerne-var-ikke-racerene-skandinaver

Runestone Database
https://www.runesdb.eu/

Rune Search Database
https://app.raa.se/open/runor/search

Asa- og Vanetrosamfundet i Danmark
https://www.fornsidr.dk/

Nordiska Asa-Samfundet
https://asa-samfundet.se/

The Midgård Expedition
https://midgardexpedition.com/

The Anatomy of Viking Art
https://jonaslaumarkussen.com/

ISLAND

Nøglesteder for vikingehistorien på Island
https://www.visiticeland.com/article/
key-locations-for-viking-history-in-iceland

Rideture med en viking
https://mriceland.is/

NORGE

Link til de bedste vikingeoplevelser og udstillinger
https://www.visitnorway.no/aktiviteter-og-attraksjoner/
kunst-kultur/vikinger/norges-beste-vikingopplevelser

Lofotr Viking Museum
https://www.lofotr.no/

Draken Harald Hårfagre Vikingeskib
https://www.drakenhh.com/

DANMARK

Danmarks Nationalmuseum
https://natmus.dk/

Vikingeskibsmuseet
https://www.vikingeskibsmuseet.dk/

Trelleborg
https://natmus.dk/museer-og-slotte/trelleborg

Ribe Vikingecenter
https://www.ribevikingecenter.dk/

13 danske vikingeattraktioner
https://www.visitdenmark.dk/danmark/oplevelser/
kulturoplevelser/13-danske-vikingeattraktioner

Vikingspil
https://www.vikingespil.dk/

SVERIGE

Birka Vikingastaden
https://www.birkavikingastaden.se/

Uppsala Viking Museum
https://www.upplandsmuseet.se/gamla-uppsala-museum

Trelleborgen i Trelleborg
https://www.trelleborg.se/uppleva-gora/kultur/trelleborgen

The Viking Museum i Stockholm
https://thevikingmuseum.com/

FINLAND

Rosala Viking Centre
https://rosala.fi/

TYSKLAND

Haithabu (Hedeby) Viking Centre
https://haithabu.de/

GRØNLAND

Vikings in Greenland
https://visitgreenland.com/things-to-do/
vikings-in-greenland

CANADA

Vikings in Canadian History Museum
https://www.historymuseum.ca/vikings

L'Anse aux Meadows National Historic Site
https://www.newfoundlandlabrador.com/top-destinations/
lanse-aux-meadows

ENGLAND

Jorvik Viking Centre
https://www.jorvikvikingcentre.co.uk/

IRLAND

Dublinia – Dublin Viking Museum
https://www.dublinia.ie/

FRANKRIG

Viking adventures at Parc Ornavik (Normandy)
https://en.normandie-tourisme.fr/
viking-adventures-parc-ornavik

SAGAEN FORTSÆTTER

VIKINGR.SITE

www.ingramcontent.com/pod-product-compliance
Lightning Source LLC
Chambersburg PA
CBHW020336160726
47992CB00004B/1860